Doris Kern

Verlockende Blüten

Selbstgemachtes aus Wiese, Feld & Garten

VERLAG ANTON PUSTET

Doris Kern

Verlockende Blüten

Selbstgemachtes aus Wiese, Feld und Garten

VERLAG ANTON PUSTET

Doris Kern

Verlockende Blüten

Selbstgemachtes aus Wiese, Feld & Garten

VERLAG ANTON PUSTET

Impressum

Bibliografische Information der Deutschen Nationalbibliothek
Die Deutsche Nationalbibliothek verzeichnet diese Publikation in der Deutschen Nationalbibliografie; detaillierte bibliografische Daten sind im Internet über http://dnb.d-nb.de abrufbar.

Grafik, Satz und Produktion: Tanja Kühnel
Lektorat: Beatrix Binder
Druck: PBtisk a.s., Tschechien
Gedruckt in der EU

ISBN 978-3-7025-1000-8

www.pustet.at

Inhalt

Vorwort

Für mich sind Blüten so etwas wie die Gesichter der Pflanzen: Ihre Vielfalt zieht unsere Aufmerksamkeit auf sich. Dabei gibt es große und prächtige, aber auch kleine und sehr unscheinbare. Die meisten von ihnen verfolgen das Ziel, von Insekten bestäubt zu werden. So locken sie mit herrlichen Düften und anziehenden Farben und Formen. Ihre Absicht ist es, später Früchte oder Samen zu entwickeln und somit ihren Fortbestand abzusichern.

Blüten faszinieren die Menschheit schon lange. Sie haben auch in der Kunst Einzug gehalten: So zieren sie viele bekannte Gemälde, wie

beispielsweise die strahlenden Sonnenblumen in Vincent van Goghs beeindruckenden Stillleben. Viele Impressionisten haben Blumen auf ihren Bildern verewigt, wie Claude Monet, dessen Seerosen uns noch immer verzaubern. Vielen Pflanzen wird auch eine gewisse Bedeutung zugeschrieben. Die „Sprache der Blumen“ besagt, dass eine rote Rose für Liebe und Leidenschaft steht, eine weiße für Unschuld und Treue und eine rosafarbene für Jugend und Schönheit. Sonnenblumen drücken pure Fröhlichkeit aus und sagen dem oder der Beschenkten „Ich mag dich!“. Das Veilchen ist ein Zeichen für Unschuld und Verschwiegenheit, und die Kamille symbolisiert

Hoffnung und Trost. Gelbe Nelken sollte man besser nicht verschenken, denn sie vermitteln eine gewisse Abneigung. Es lohnt also, sich mit den verlockenden Blüten etwas mehr zu beschäftigen.

Der eigene Garten oder die Wiese nebenan ist eine Schatzkiste voller wertvoller Pflanzen. Ein Blumenstrauß verschönert unser Heim, die Wiese mit den duftenden Kräutern dient vielen Tieren als Futter. Viele der Pflanzen wirken als heilkräftige Kräuter unserer Naturapotheke. Geschmack und Genuss kommen ebenfalls nicht zu kurz, denkt man beispielsweise an die Holunderblüten, die nicht nur einen hervorragenden Grippetee abgeben, sondern auch ausgezeichnet schmecken und uns den Frühsommer versüßen.

Man kann so viele wertvolle Produkte aus den verschiedensten Blüten herstellen. Daher ist es mir die Auswahl nicht leicht gefallen. Mit Bedacht habe ich jene Exemplare ausgewählt, die man fast überall finden oder mühelos im eigenen Garten anpflanzen kann.

Die verlockenden Blüten laden Dich herzlich ein, gemeinsam mit mir viele Rezepte und Ideen zu entdecken und heilkräftige, pflegende und schmackhafte Produkte oder stilvolle Dekostücke für die ganze Familie herzustellen!

Viel Freude mit meinen Ideen und alles Liebe,

Doris Kern

Essbare Blüten

- **Basilikum**
- **Borretsch**
- **Dahlien**
- **Dill**
- **Duftgeranien**
- **Eibisch**
- **Fuchsien**
- **Gladiolen**
- **Indianernessel**
- **Kamille**
- **Kornblumen**
- **Kosmeen**
- **Lauch**

Blüten aus Garten und Wiese sind nicht nur schön als Blumenstrauß in der Vase. Sie bereichern auch die Kräuterküche. Bunte Blüten auf Desserts, Salaten oder anderen Gerichten bringen Farbe und Geschmack auf den Teller. Aber nicht alle Blüten sind genießbar, daher ist es wichtig, sich vorher genau zu erkundigen, ob sie essbar sind oder nicht. Viele der Nachtschattengewächse enthalten giftige Substanzen, die für uns Menschen nicht verträglich sind.

So lieben wir zwar die Früchte der Tomate oder die Knollen der Kartoffel – ihre anderen Pflanzenteile wie eben auch die Blüten sollte man aber nicht essen!

Zu den giftigen Exemplaren zählen beispielsweise auch: Fingerhut, Goldregen, Herbstzeitlose, Maiglöckchen, Hahnenfuß, Engelstrompete, Eisenhut, Akelei, Christrose, Tollkirsche oder Pfaffenhütchen. Viele dieser schönen Pflanzen wachsen in unseren Gärten und bereichern uns mit ihren zauberhaften Blüten. Aber es ist auch Vorsicht geboten – die Liste der Beispiele ist natürlich nicht vollständig.

Sehr viele Blüten sind aber essbar und schmecken auch herrlich, daher lade ich Dich ein, sie mit mir zu genießen. Auf diesen Seiten sind noch einige Beispiele von essbaren Blüten angeführt, die in diesem Buch nicht behandelt werden können.

- **Magnolien**
- **Minzen**
- **Petunien**
- **Primeln**
- **Salbei**
- **Schafgarbe**
- **Schlüsselblumen**
- **Stiefmütterchen**
- **Taglilien**
- **Thymian**
- **Tulpen**
- **Vergissmeinnicht**
- **Ysop**

Sammelkalender

	Jän.	Feb.	März	April	Mai
Apfel *(Malus)*					
Augentrost *(Euphrasia officinalis)*					
Gänseblümchen *(Bellis perennis)*					
Goldrute *(Solidago virgaurea)*					
Heidekraut *(Calluna vulgaris)*					
Holunder *(Sambucus nigra)*					
Johanniskraut *(Hypericum perforatum)*					
Kamille *(Matricaria chamomilla)*					
Kapuzinerkresse *(Tropaeolum majus)*					
Kirsche *(Prunus)*					
Königskerze *(Verbascum)*					

Legende: ganze Blütenköpfe · Knospe · Blüten mit Stengel/Blatt bzw. Kraut · Früchte · Blatt · Wurzel

Juni	Juli	Aug.	Sept.	Okt.	Nov.	Dez.
			Früchte	Früchte		
	ganze Blütenköpfe, Blüten mit Stengel/Blatt bzw. Kraut	ganze Blütenköpfe, Blüten mit Stengel/Blatt bzw. Kraut	ganze Blütenköpfe, Blüten mit Stengel/Blatt bzw. Kraut			
ganze Blütenköpfe	ganze Blütenköpfe	ganze Blütenköpfe	ganze Blütenköpfe	ganze Blütenköpfe		
		ganze Blütenköpfe, Blüten mit Stengel/Blatt bzw. Kraut	ganze Blütenköpfe, Blüten mit Stengel/Blatt bzw. Kraut	ganze Blütenköpfe, Blüten mit Stengel/Blatt bzw. Kraut		
		ganze Blütenköpfe, Blüten mit Stengel/Blatt bzw. Kraut	ganze Blütenköpfe, Blüten mit Stengel/Blatt bzw. Kraut	ganze Blütenköpfe, Blüten mit Stengel/Blatt bzw. Kraut		
ganze Blütenköpfe	ganze Blütenköpfe	Früchte	Früchte			
ganze Blütenköpfe, Blüten mit Stengel/Blatt bzw. Kraut	ganze Blütenköpfe, Blüten mit Stengel/Blatt bzw. Kraut	ganze Blütenköpfe, Blüten mit Stengel/Blatt bzw. Kraut				
ganze Blütenköpfe	ganze Blütenköpfe	ganze Blütenköpfe				
ganze Blütenköpfe	ganze Blütenköpfe	ganze Blütenköpfe	ganze Blütenköpfe			
	Früchte	Früchte				
	ganze Blütenköpfe	ganze Blütenköpfe	ganze Blütenköpfe			

	Jän.	Feb.	März	April	Mai
Lavendel *(Lavandula angustifolia)*					
Linde *(Tilia)*					
Löwenzahn *(Taraxacum ruderalia)*		 	 	 	 
Mädesüß *(Filipendula ulmaria)*					
Mohn *(Papaver rhoeas)*					
Ringelblume *(Calendula officinalis)*					
Rose *(Rosa canina)*					
Rotklee *(Trifolium pratense)*					
Sonnenblume *(Helianthus annuus)*					
Veilchen *(Viola odorata)*			 	 	

Wer mit Achtsamkeit sammelt, hält sich an die Handstraußregel: Man darf auf Flächen in der Natur, für die kein Betretungsverbot vorliegt, Pflanzen in geringen Mengen für den persönlichen Bedarf mitnehmen. Das bedeutet, etwa so viel zu entnehmen, wie in eine Hand passt. Hält man sich daran, schädigt

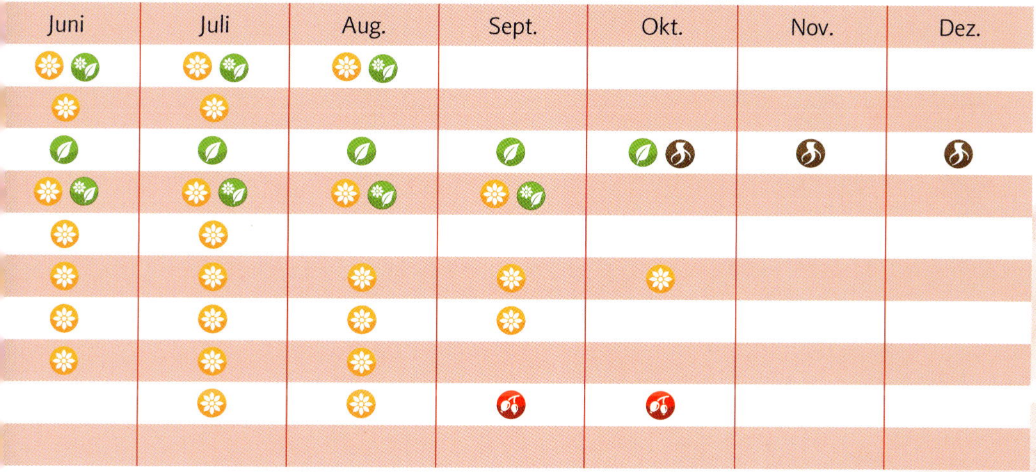

man nicht die Natur und kann trotzdem erlesene Haus- und Heilmittel für sich selbst herstellen. Als Faustregel gilt, dass man immer mehr zurücklässt als man selbst entnimmt.

Achtung: Die Sammelzeitpunkte können regional leicht variieren.

Apfel

Wenn die Apfelblüte übers Land zieht, scheinen weiße Wölkchen aus saftigen grünen Wiesen zu wachsen. Fast überschwänglich beglückt uns der Apfelbaum mit seiner Pracht. Ein wahrer Segen für Bienen und andere Insekten, die sich genüsslich mit süßem Nektar versorgen können. Dabei reicht es für eine gute Apfelernte aus, wenn etwa fünf Prozent der Blüten sich später zu Früchten entwickeln. Die Natur geht aber lieber auf Nummer sicher und schöpft aus dem Vollen. Daher schadet es auch nicht, einige Blüten zu ernten, da noch immer genügend übrig bleiben.

Holzapfel *(Malus sylvestris)*, Kulturapfel *(Malus domestica)*, Rosengewächse *(Rosaceae)*

Als Kulturpflanze ist uns der Apfelbaum besonders nahe. Wir wachsen mit den Früchten auf, viele haben einen oder mehrere Apfelbäume im eigenen Garten stehen oder versorgen sich mit den gesunden Früchten auf dem Wochen- oder im Supermarkt.

Die duftigen Blüten jeder Apfelsorte können für die Rezepte verwendet werden. Sie haben einen zarten blumigen Geschmack und wecken im Frühling unsere Sinne. In kandierter Form verwandeln sie jedes Dessert in ein Highlight, oder sie wirken erfrischend in feiner Kosmetik oder verzaubern uns als Räucherwerk.

Man benötigt, jeweils getrocknet:

- 2 Teile Apfelblüten
- 2 Teile Hagebutten
- 1 Teil Holunderblüten
- 1/2 Teil Hopfenblüten
- 1/2 Teil Orangenschalen
- 1/2 Teil Schalen vom Bio-Apfel

Blumiger Husten- und Schnupfentee

Neben Apfelschalen oder -stücken kann man auch Blüten und auch Blätter für Tees verwenden. In der Volksmedizin werden sie bei Husten und Schnupfen ebenso wie bei leichtem Fieber verwendet. Aber auch bei Erschöpfung geben sie wieder Kraft. Dazu erntet man die Blüten an einem sonnigen Tag kurz nach dem Aufblühen.

So wird's gemacht:
Alle Zutaten in einer Schüssel miteinander mischen und etwas zerkleinern. In Beutel oder Dosen abfüllen.
Für eine Tasse einen Teelöffel mit etwa 200 ml heißem Wasser übergießen. Zugedeckt für etwa 8 bis 10 Minuten ziehen lassen. Danach abseihen.
Haltbarkeit: mindestens 1 Jahr, danach nimmt die Wirkung langsam ab

So wird's gemacht:
Die Apfelblüten etwas zerkleinern und in ein verschließbares Glas schichten. Zitronenabrieb, Tonkabohne sowie den Kandiszucker hinzugeben.
Apfelsaft und Rum mischen und darin den Honig auflösen. Anschließend über die Apfelblüten gießen.
Verschlossen an einem hellen, aber nicht vollsonnigen Platz für etwa 8 Wochen ziehen lassen.
Anschließend abseihen und in Flaschen füllen.
Haltbarkeit: mehrere Jahre

Apfelblütenlikör

Zum Frühlingserwachen

Wie herrlich sinnlich schmeckt der Apfelblütenlikör. Er scheint die ersten Sonnenstrahlen und das Liebliche des Frühlings einzufangen und kann auch mit anderen Obstblüten angesetzt werden.

Man benötigt:

- 3–4 Handvoll frische Apfelblüten
- 50 g weißer Kandiszucker
- 1 EL Honig
- 50 ml Apfelsaft
- 250 ml Rum
- Abrieb einer halben Bio-Zitrone
- 1 Prise Tonkabohne
- verschließbares Glas, Flasche

Man benötigt:

- 2 Handvoll frische Apfelblüten
- 50 g Mandelöl
- 5 Tropfen Vitamin E
- Alkohol zum Desinfizieren

Schmeichelndes Öl

Für zarte Haut

Apfelblüten lassen sich auch in der Hautpflege einsetzen. Zart umschmeicheln sie unser größtes Organ und bewirken, dass sich die Haut öffnet und regeneriert. Das Apfelblütenöl wird mit Mandelöl hergestellt, das sehr verträglich und pflegend zugleich ist. Das Öl kann pur auf die Haut aufgetragen und als Gesichts- oder Körperpflegeöl verwendet werden.

So wird's gemacht:
Die Blüten für etwa einen halben Tag antrocknen lassen.
Arbeitsplatz und alle Arbeitsgeräte mit Alkohol desinfizieren.
Blüten leicht zerkleinern und in ein Glas füllen.
Mit dem Mandelöl übergießen und das Glas verschließen.
Für etwa 2 bis 3 Wochen an einem hellen, aber nicht vollsonnigen Platz ziehen lassen.
Anschließend abseihen und mit dem Vitamin E vermischen. In Flaschen füllen.
Haltbarkeit: etwa 6 bis 8 Monate

So wird's gemacht:
Arbeitsplatz und alle Arbeitsgeräte mit Alkohol desinfizieren.
Hydrolat und Glycerin in die Zerstäuberflasche füllen.
Anschließend Apfelblüten- und Traubenkernöl sowie das Biokons hinzufügen.
Die Flasche verschließen und vor Gebrauch gut schütteln, damit sich kurzfristig Öl- und Wasserphase verbinden. Die Lotion auf Gesicht und Dekolleté sprühen und mit den Fingern leicht einklopfen.
Haltbarkeit: 2 Monate

Apfelblüten-Schüttellotion

Für rosige Wangen

Diese feuchtigkeitsspendende und regenerierende Pflege ist einfach in der Herstellung und in der Anwendung. Deine Haut wird die Portion Feuchtigkeit und Öl lieben! Die Apfelblüten sorgen für einen rosigen und gesunden Teint.

Man benötigt:

- 25 g Apfelblütenöl
- 5 g Traubenkernöl
- 5 g Glycerin
- 64 g Apfelblüten- oder Rosenblütenhydrolat
- 1 g Biokons (Konservierung)
- Alkohol zum Desinfizieren

Augentrost

Der botanische Name *Euphrasia* kommt aus dem Griechischen und bedeutet so viel wie „Frohsinn". Und betrachtet man die kleinen Blüten des Augentrostes, strahlen sie einem förmlich wie wunderschöne Augen entgegen.

Die einjährige Pflanze, die maximal 30 cm hoch werden kann, findet man gerne auf Wiesen und Weiden, aber auch in lichten und trockenen Wäldern. Der Augentrost zählt zu den Halbschmarotzern, da er sich mit seinen Saugwurzeln an die Wurzeln anderer Gräser legt und so deren Wachstum behindern kann. Von Bauern wird er dadurch auch schon mal gerne als „Milchdieb" bezeichnet. Bekannt ist der Augentrost in der Volksheilkunde für seine Wirkung auf unsere Augen. Gerade in der heutigen

Zeit, in der wir diese durch Bildschirmarbeit immer häufiger beanspruchen, ist die kleine Pflanze eine wahre Wohltat! So wird der Augentrost gerne bei geröteten Augen, Gerstenkorn, Bindehauterkrankungen oder Überbeanspruchung verwendet.

Daneben wird der Augentrost auch bei Husten und Schnupfen als Tee angewendet. Er pflegt und stärkt alle Schleimhäute, wie beispielsweise auch die Magenschleimhaut.

Inhaltsstoffe wie Bitter- und Gerbstoffe sowie Flavonoide oder der Wirkstoff Aucubin sorgen dafür, dass die Pflanze augen- und magenstärkend, aber auch zusammenziehend und schmerzlindernd wirkt.

Man benötigt:

- Baumwollstoff, etwa 25 x 25 cm
- Baumwollstoff, etwa 40 x 5 cm
- Gummiband, etwa 35 cm lang
- Nähgarn
- Nadeln oder Nähmaschine
- Stecknadeln
- Schere
- Sicherheitsnadel
- 5 EL Leinsamen
- 4 EL getrockneter Augentrost
- 1 TL getrocknete Lavendelblüten

Augenmaske zum Entspannen

In der Signaturenlehre wird der Augentrost dem Auge zugeordnet, denn die strahlenden Blüten ähneln einem Auge wirklich sehr. Die weiße Blüte steht für die Iris, der schwarze Fleck mimt die Pupille, und die violetten Längsstreifen sehen aus wie feine Wimpern. Die Augenmaske ist gerade nach einem anstrengenden Tag wohltuend, sie entspannt und regeneriert.

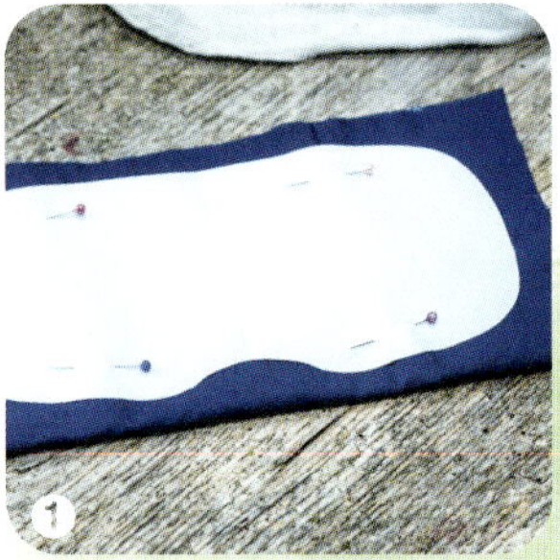
1

2

3

4

5

6

So wird's gemacht:

❶ Die Brillenvorlage ausdrucken (Downloadlink im Serviceteil) und ausschneiden. Den quadratischen Baumwollstoff zusammenlegen und die Brillenvorlage mit Stecknadeln darauf befestigen, mit einer Schere ausschneiden. Durch das Zusammenlegen des Stoffes erhält man zwei Brillenteile.
Das Gummiband am Kopf abmessen und auf die gewünschte Länge zuschneiden. Es sollte nicht zu straff sitzen, damit es beim Schlafen bequem ist.

❷ Den Baumwollstoff von 40 x 5 cm der Länge nach so zusammenlegen, dass die schöne Seite des Stoffes innenliegend ist. Mit der Nähmaschine oder per Hand der Länge nach zusammennähen.

❸ An einem Ende des entstandenen Stoffschlauches die Sicherheitsnadel befestigen und durch den Schlauch ziehen, sodass der Stoff gewendet wird und die schöne Seite wieder außen ist. Den Gummi ebenfalls mithilfe einer Sicherheitsnadel durch den Stoffschlauch ziehen. Dabei wird der Stoff etwas gerafft.

❹ Für das Zusammennähen der Brille wird ein Stoffteil mit der schönen Seite nach oben gelegt. Darauf das Gummiband legen und an den Seiten mit einer Stecknadel fixieren. Dann kann das zweite Brillenteil mit der schönen Seite nach unten daraufgelegt werden. Mit Stecknadeln fixieren.

❺ Die Stoffteile mit der Nähmaschine oder per Hand zusammennähen und eine etwa 4 bis 5 cm große Öffnung zum Umdrehen freilassen. Danach die Brille über diese Öffnung umdrehen. Die getrockneten Kräuter zerkleinern, mit dem Leinsamen vermischen und die Brille damit füllen.

❻ Die Kanten der Öffnung nach innen klappen und mit der Nähmaschine oder per Hand schließen.

So wird's gemacht:
Den Augentrost zerkleinern und in ein verschließbares Glas füllen. Mit dem Weißwein übergießen und verschließen. Für mindestens 14 Tage an einem hellen, aber nicht vollsonnigen Platz stehen lassen. Gelegentlich leicht schütteln. Anschließend abseihen und in eine Flasche füllen.
Täglich ein kleines Likörglas davon trinken.
Haltbarkeit: kühl und dunkel etwa 4 bis 6 Monate

Augenkraft-Wein

Für besseres Sehen

Man sagt, der Augentrost soll die Sehkraft wieder zurückbringen. Eine regelmäßige Anwendung soll sogar das Tragen einer Brille ersparen. So nennt man die Pflanze in Frankreich auch *Casse lunette*, was soviel wie „Brillenbrecher" bedeutet. Auch in anderen Ländern deutet der Name auf die Wirkung auf die Augen hin. So nennt man in England den Augentrost auch *eyebright*, also den Augenglanz. Auch in Italien hat man einen wunderbaren Namen für das Kraut: Dort wird es *Luminella* genannt, das „Licht für die Augen".

Man benötigt:

- 2 Handvoll frischer Augentrost (blühendes Kraut)
- 750 ml Weißwein

Man benötigt:

- 1/2 TL Augentrostkraut, frisch oder getrocknet
- 50 ml Wasser
- 1 EL Gurkensaft
- 2 Watte- oder Stoffpads

Frischekick für die Augen

Wenn man geschwollene Augen hat oder einfach seine Augenpartie auffrischen möchte, kann man zu einem ganz einfachen Hausmittel greifen: Gurken und Augentrost. Die Gurke kühlt und beruhigt die empfindliche Augenpartie. Außerdem sorgt sie für eine gute Portion Feuchtigkeit. Gemeinsam mit dem Augentrost werden müde Augen so wieder frisch!

So wird's gemacht:
Aus dem Augentrostkraut und dem Wasser einen Tee zubereiten und etwa 10 Minuten ziehen lassen. Anschließend durch einen feinen Teefilter abseihen und abkühlen lassen.
Für den Saft einfach eine geriebene Gurke etwas auspressen. Den Augentrosttee mit dem Gurkensaft vermischen, für einige Minuten in den Kühlschrank geben.
Zwei Wattepads mit der Flüssigkeit tränken und auf die Augen legen.
Für etwa 15 Minuten entspannt zurücklehnen und genießen.
Haltbarkeit: sofort verbrauchen

Gänseblümchen

Lieblich begleitet uns das kleine, fast unscheinbare Gänseblümchen in Wiesen und Gärten. Die zarte, aber doch kräftige Blume ist der germanischen Frühlingsgöttin Freya gewidmet. Man sagt, wenn sie unsere Erde betritt, erblühen auch sogleich die Gänseblümchen!

Die kleine Blume, die jedes Kind kennt, ist in ganz Mitteleuropa zu finden. Sie ist ein kleines Stehaufmännchen oder -frauchen, das, obwohl niedergetreten oder umgemäht, sich bald wieder aufrichtet oder neue Blütenknospen bildet. Keine andere Pflanze steht so für das Kindliche. Sie symbolisiert Reinheit und kindliche Unschuld, aber auch Bescheidenheit und mütterliche und beständige Liebe.

Die mehrjährige Blume wird auch in der Frauenheilkunde geschätzt. Dort wird sie auch „Arnika" der Gebärmutter und der Brust genannt. Bei Senkungsbeschwerden gilt das Gänseblümchen als Rückbildungswunder und kann hier Frauen gut unterstützen. Es wirkt auch menstruationsfördernd

und entkrampfend. Die darin enthaltenen Saponine, welche zu den sekundären Pflanzeninhaltsstoffen zählen, helfen dabei, Bronchialschleim abzutransportieren. So ist es nicht verwunderlich, dass das Gänseblümchen Bestandteil vieler Hustentees ist. Der Verdauung tun frische Gänseblümchen besonders gut. Gerade im Frühjahr wird so der Stoffwechsel wieder in Schwung gebracht. Auch die Haut profitiert vom regelmäßigen Genuss der kleinen Pflanze, Hautleiden sowie Ekzeme werden gemildert. Äußerlich frisch zerrieben angewendet, ist sie ein Erste-Hilfe-Mittel bei blauen Flecken und Insektenstichen.
Die widerstandsfähige Blume richtet auch uns wieder auf. Sie hilft uns zu erholen und zu regenerieren. Wenn man sich schwach und klein fühlt, zeigt uns das Gänseblümchen unsere innere Stärke.
Achtung: Das Gänseblümchen wird im Allgemeinen sehr gut vertragen, wer aber eine Allergie gegen Korbblütler hat, sollte bei der Verwendung aufpassen.

Man benötigt:

- 1 Handvoll Gänseblümchen (frisch oder getrocknet)
- 100 g Mandel- oder Sonnenblumenöl
- 5 Tropfen Vitamin E (optional)
- Alkohol zum Desinfizieren

Gänseblümchenöl

Ein Erste-Hilfe-Mittel

Der Ölauszug aus den Gänseblümchen kann vielfältig verarbeitet werden und dient als Basis für die Gänseblümchensalbe oder für den Lipgloss, der auf den nächsten Seiten vorgestellt wird. Er eignet sich aber auch als Erste-Hilfe-Öl, um blaue Flecken oder Insektenstiche zu versorgen. Für Kinder kann das Öl in einen Roll-On gegeben werden – hilft bei kleinen Wehwehchen und blauen Flecken.

So wird's gemacht:

Arbeitsplatz und alle Arbeitsgeräte desinfizieren.

Gänseblümchen zerkleinern, in ein feuerfestes Glas geben und mit dem Öl übergießen.

Im Wasserbad etwa 45 Minuten ziehen lassen. Dabei darauf achten, dass die Temperatur zwischen 70 und 80 °C liegt.

Anschließend durch ein feines Sieb abseihen. Mit dem Vitamin E vermischen und abfüllen.

Haltbarkeit: etwa 8 bis 10 Monate

So wird's gemacht:
Arbeitsplatz und alle Arbeitsgeräte desinfizieren.
Gänseblümchen- und Johanniskrautöl mit dem Bienenwachs im Wasserbad so lange erhitzen, bis das Wachs geschmolzen ist.
Vom Herd nehmen und mit einem Löffel so lange rühren, bis die Salbe etwa auf Handwärme abgekühlt ist.
Anschließend das ätherische Lavendelöl unterrühren und in den Tiegel abfüllen.
Vollständig auskühlen lassen, dann verschließen.
Haltbarkeit: etwa 8 bis 10 Monate

Erste-Hilfe-Salbe für Kinder

In einem Haushalt mit Kindern hilft die Gänseblümchensalbe bei kleinen Wunden, Zerrungen oder Verstauchungen. Sie leistet auch gute Dienste bei blauen Flecken und Insektenstichen. Mit Freude arbeiten Kinder bei der Herstellung der Salbe mit – dabei wird die kleine Blume auch wieder einem ihren Namen gerecht – als „Arnika der Kinder"!

Man benötigt:

- 45 g Gänseblümchenöl
- 5 g Johanniskrautöl
- 5 g Bienenwachs
- 5 Tropfen ätherisches Öl Lavendel fein *(Lavandula angustifolia)*
- Alkohol zum Desinfizieren

Man benötigt:

- 11 g Gänseblümchenöl
- 3 g Bienenwachs
- 5 g Rizinusöl
- 2 g Lysolecithin
- 2–3 Tropfen ätherisches Öl Mandarine rot *(Citrus reticulata)*
- 1/4 TL Kosmetikpigment-Pulver in rosa (optional)
- 2 Lipgloss-Hülsen
- Alkohol zum Desinfizieren

Gänseblümchen-Lipgloss

Für mehr Glanz

Bei spröden Lippen sorgen Gänseblümchen für einen zarten Kussmund. Der Lipgloss pflegt und repariert dabei nicht nur die empfindliche Haut, er zaubert auch einen schönen Glanz. Eine pflegende Alternative zum klassischen Lippenpflegestift.

So wird's gemacht:
Arbeitsplatz und alle Arbeitsgeräte desinfizieren.
Gänseblümchenöl, Bienenwachs, Rizinusöl und Lysolecithin abwiegen und in ein feuerfestes Glas geben.
Im Wasserbad erwärmen und das Wachs darin schmelzen lassen. Hat sich alles gut miteinander verbunden, kann es vom Herd genommen werden.
Danach das ätherische Öl sowie das Pigment einrühren. Anschließend sofort in die Lipgloss-Hülsen füllen. Es sollte noch ziemlich flüssig sein, sonst ist das Einfüllen sehr schwierig.
Haltbarkeit: etwa 2 bis 3 Monate

So wird's gemacht:
Blüten, Kräuter, Orangenschalen und Propolis im Mörser zerkleinern und anschließend in einer Schüssel gut vermischen.
In ein Glas füllen und zum Räuchern etwa einen halben Teelöffel der Mischung verwenden.
Haltbarkeit: mindestens 1 Jahr, danach nimmt die Wirkung langsam ab

Räucherung

Für Schutz und Geborgenheit

Die Räuchermischung richtet uns wieder auf, wirkt stärkend und belebend. Mit weiteren feinen Kräuterdüften hüllt sie uns sanft ein, und wir gehen mit beruhigter Seele und Klarheit durch den Tag.

Man benötigt:

- 2 Teile Gänseblümchenblüten
- 1 Teil Ringelblumenblüten
- 1 Teil Kamillenblüten
- 1/2 Teil Engelwurz-Wurzeln
- 1/2 Teil Holunderblüten
- 1 Teil Orangenschalen
- 1/2 Teil Dost
- 1 Teil Propolis

Goldrute

In sonnigem Gelb leuchten die Blüten der Goldrute von August bis Oktober. Bei uns verbreitet ist die Echte Goldrute, welche auf trockenen Böden, Weiden und in lichten Mischwäldern zu finden ist. Sie bildet goldgelbe Blütentrauben und unterscheidet sich wesentlich vom Erscheinungsbild der Kanadischen Goldrute.

Beide Pflanzen sind nützliche Heilpflanzen für unsere Nieren. Auch wenn sie sich im Wirkstoffgehalt unterscheiden, wirken sie beide harntreibend, pilzhemmend und krampflösend.

Schon der deutsche Naturarzt Johann Gottfried Rademacher (1772–1850) erwähnte die Goldrute als Nierenmittel erster Wahl. Sie schwemmt viel Flüssigkeit aus und sorgt so für eine Durchspülung der Harnwege. Gerade bei wiederkehrenden Harnwegsinfekten, zur Blasenpflege, bei Harnsteinen und Nierengrieß hilft die Goldrute. Gesammelt werden etwa die blühenden oberen zehn Zentimeter des Krauts. Sie können frisch oder getrocknet verarbeitet werden. Auch zum Färben wird die Goldrute gerne benutzt, da sie eine schöne goldgelbe Farbe ergibt.

Achtung: Bei Ödemen infolge von eingeschränkter Herz- oder Nierentätigkeit darf die Goldrute nicht verwendet werden. Auch bei chronischer Nierenerkrankung verzichtet man besser auf eine Anwendung oder bespricht sie mit dem Arzt.

Da die Goldrute zu den Korbblütlern zählt, ist bei einer Allergie Vorsicht geboten.

Man benötigt:

- 2 große Handvoll frische Goldrutenblüten
- 500 ml Wasser
- 500 g Zucker
- 2 Bio-Zitronen

Sonnenschein-Sirup als Durstlöscher

Die Blüten der Goldrute schmecken nach Honig und eignen sich daher perfekt für einen Sirup. Dieser kann aufgespritzt als Durstlöscher, aber auch zur Verfeinerung von Desserts verwendet werden. Auch im Sirup sind die wassertreibenden Eigenschaften noch vorhanden, daher kann er auch bei Anzeichen einer Blasenentzündung eingenommen werden.

So wird's gemacht:
Blüten zerkleinern, Zitronen in Scheiben schneiden und gemeinsam in einen Topf geben. Wasser aufkochen lassen und über die Blüten gießen. Nach dem Abkühlen mit einem Geschirrtuch abdecken und über Nacht stehen lassen. Am nächsten Tag abseihen und aufkochen lassen. Den Zucker hinzufügen und etwa 5 Minuten köcheln lassen.
Heiß in vorher sterilisierte Flaschen füllen.
Haltbarkeit: etwa 1 Jahr

So wird's gemacht:
Alle Zutaten in einer Schüssel miteinander vermischen und leicht zerkleinern. In Beutel oder Dosen abfüllen.
Für eine Tasse Tee einen Teelöffel der Zutaten mit etwa 200 ml heißem Wasser übergießen. Zugedeckt für etwa 8 bis 10 Minuten ziehen lassen. Danach abseihen und schluckweise trinken. Pro Tag nicht mehr als 3 Tassen trinken.
Haltbarkeit: mindestens 1 Jahr, danach nimmt die Wirkung langsam ab

Nierentee

Zum Entwässern & Gurgeln

Der Goldrutentee sorgt für eine gute Durchspülung der Nieren und schwemmt viel Flüssigkeit aus. Wichtig bei seiner Anwendung ist es, genügend Flüssigkeit zu sich zu nehmen, um den Verlust wieder auszugleichen.
Pur ist er auch eine gute Gurgellösung bei Entzündungen im Rachenraum.

Man benötigt, jeweils getrocknet:

- 2 Teile Goldrutenkraut
- 1/2 Teil Birkenblätter
- 1 Teil Schachtelhalm

Man benötigt:
- Goldrute, frisch oder getrocknet
- Alkohol 40 Vol.-%

Goldrutentinktur

Zur Reinigung

Tinkturen oder Pflanzenauszüge sind einfach herzustellen und anzuwenden, sie fangen die Wirkstoffe der Pflanze gut ein. Die Goldrutentinktur unterstützt die Durchspülung der Harnwege. Dabei ist darauf zu achten, dass man viel Flüssigkeit über den Tag verteilt trinkt, da die Goldrute stark entwässert. Man kann sie auch wegen der pilzhemmenden Eigenschaft bei Fuß- und Nagelpilz auf die betreffenden Stellen auftragen. Bei Lippenherpes kann die Tinktur ebenso verwendet werden.

So wird's gemacht:
Goldrute zerkleinern und in ein Glas füllen. Bei frischer Goldrute das Glas etwa bis zu drei Viertel, bei getrockneter etwa bis zur Hälfte füllen. Mit dem Alkohol übergießen und verschließen. Für 2 bis 3 Wochen an einem hellen, aber nicht vollsonnigen Platz ziehen lassen. Zwischendurch das Glas immer wieder schütteln. Danach abseihen und in Flaschen füllen.
Zur Durchspülung der Harnwege etwa drei Mal täglich 10 Tropfen einnehmen.
Haltbarkeit: mindestens 1 Jahr, danach nimmt die Wirkung langsam ab

Man benötigt, jeweils getrocknet:

- 1 Teil Goldrutenblüten
- 1 Teil Kamillenblüten
- 1 Teil Ringelblumenblüten
- 1 Teil Johanniskrautblüten
- 1 Teil Himbeerblätter
- 2 Teile Weihrauch

Räucherung „Freudentanz“

Die goldene Farbe der Blüten scheint die Sonne und ihre Kraft förmlich einzufangen. Daher verwundert es kaum, dass die Pflanze auch beim Räuchern für positive Gedanken und Energie sorgt. Der duftende Rauch stärkt das Selbstbewusstsein.

So wird's gemacht:
Blüten, Kräuter und Harz im Mörser zerkleinern und anschließend in einer Schüssel gut vermischen. In ein Glas füllen und zum Räuchern etwa einen halben Teelöffel der Mischung verwenden.
Haltbarkeit: mindestens 1 Jahr, danach nimmt die Wirkung langsam ab

Heidekraut

Das Heidekraut, bei uns auch als „Erika" bekannt, ist der Legende nach aus dem Blut von gefallenden Helden entsprossen. Die langsam wachsende Pflanze kann bis zu 40 Jahre alt werden und erreicht dabei eine Höhe von bis zu 70 Zentimetern. Die schönen weißen, rosa bis purpurfarbenen Blüten stehen in Trauben am Blütenstiel und bringen vom Spätsommer bis in den Herbst hinein Farbe in die Landschaft. Bekannt sind die herrlichen, im August und September violett gefärbten Flächen der Lüneburger Heide, die ein wahres Naturschauspiel bieten.

Die schöne Pflanze enthält Gerbstoffe, ätherisches Öl, Schleimstoffe, Saponine und beispielsweise Flavonoide. Sie gilt als harntreibend und blutreinigend.

Daher wird sie gerne bei Nierenproblemen und zur Spülung der Blase und der Harnwege verwendet. In der Volksheilkunde wird das Heidekraut auch bei Rheuma und Gicht benutzt. Empfindliche Menschen sollten nicht zu viel davon einnehmen, da es durch die Gerbstoffe leicht stopfend wirkt und eventuell Magenschmerzen auslösen kann.

Für den Garten gibt es mittlerweile viele verschiedene Sorten, die mit prächtigen Farben den Herbst verschönern. Auch für Dekorationen eignet sich das Heidekraut perfekt. Außerdem blüht die schöne Erika dann, wenn es nicht mehr so viel Nektarangebot für Bienen gibt. Daher ist sie auch eine schöne Bienenfutterpflanze, die auch gerne von Hummeln und Wildbienen besucht wird.

Man benötigt, jeweils getrocknet:

- 2 Teile Heidekraut
- 1/2 Teil Kamillenblüten
- 1/2 Teil Ringelblumenblüten

Vielseitiger Heidekraut-Tee

Das wunderschöne Kraut kann wie die Goldrute als nierenanregender Tee getrunken werden. Auch bei Nierenbeckenerkrankungen leistet es gute Dienste. Da es die Wasserausscheidung stark anregt, sollte zusätzlich viel getrunken werden. Am Abend eine Tasse Tee mit Honig fördert das Einschlafen. Ein starker Absud aus dem Heidekraut kann auch als Badezusatz bei Gicht und Rheuma verwendet werden.

So wird's gemacht:
Alle Zutaten in einer Schüssel miteinander mischen und etwas zerkleinern. In Beutel oder Dosen abfüllen.
Für eine Tasse einen Teelöffel mit etwa 200 ml heißem Wasser übergießen. Zugedeckt für etwa 8 bis 10 Minuten ziehen lassen. Danach abseihen und schluckweise trinken.
Haltbarkeit: mindestens 1 Jahr, danach nimmt die Wirkung langsam ab

So wird's gemacht:
Alle Zutaten in einer Schüssel miteinander vermischen und abfüllen.
Haltbarkeit: mehrere Jahre

Herbstzauber-Salz

Für die feine Würze

Die rosafarbenen Blüten sind im Herbst einfach eine Augenweide, die man auch kulinarisch einsetzen kann. Gezupft und über einen herbstlichen Salat gestreut, geben sie eine feine würzige Note ab. Daher passen sie auch wunderbar in ein herbstliches Salz, welches sehr gut zu Fisch, Gemüse und Geflügel passt.

Man benötigt:

- 50 g grobkörniges Salz
- 3 EL Heidekrautblüten, getrocknet
- 2 EL Schinusbeeren (Rosa Pfeffer)
- 1 EL Thymian, getrocknet

Man benötigt:

- Zeitungspapier
- frisches Heidekraut
- frisches Moos
- Blumendraht

Heidekraut-Mooskugeln

Natürlicher Schmuck

Die rosa Blüten sehen nicht nur in Blumentöpfen oder im Garten wunderschön aus. Gemeinsam mit dem dunklen Grün des Mooses ergeben sie eine zauberhafte Dekoration im Herbst. Außerdem sind die Mooskugeln einfach zu machen und können sowohl drinnen als auch draußen als natürlicher Schmuck verwendet werden.

So wird's gemacht:

Aus dem Zeitungspapier eine Kugel formen und mit Draht fixieren.

Das Moos um die Kugel legen und mit dem Draht umwickeln, bis die gesamte Kugel bedeckt ist.

Heidekraut auf der Kugel nach Wunsch drapieren und mit dem Draht umwickeln.

Danach den Draht abschneiden und auf der Rückseite verknoten.

Holunder

Der Duft der Holunderblüten lässt den Sommer bereits erahnen. Die großen, flachen Blütendolden, die mit vielen einzelnen, cremeweißen Blüten besetzt sind, locken nicht nur Insekten an. Das herrliche Aroma lässt sich auch für feine Sirupe und Desserts einfangen. Doch nicht nur geschmacklich punkten die Holunderblüten, sie sind auch wegen ihrer Inhaltsstoffe sehr wertvoll.

Der Holunder galt früher als Apotheke des Volkes, da alle Teile Verwendung fanden. So ist es nicht verwunderlich, dass bei jedem Haus ein Holunderstrauch wuchs. Er war so hochgeschätzt, dass man sprichwörtlich den Hut vor ihm zog. Ein Holunder im Garten war so wertvoll wie eine ganze Apotheke.

Die duftenden Blüten sammelt man an einem sonnigen Tag. Am besten nach mehreren trockenen Tagen, damit die Blüten voll von wertvollem Blütenstaub sind. Denn darin verbirgt sich der intensive Geschmack.
Bei Erkältungen wirken die Blüten schweißtreibend und fiebersenkend. Sie helfen dem Körper, mit der Erkrankung besser fertig zu werden. Auch vorbeugend stärkt der Holunder unsere Abwehrkräfte und sorgt für ein gutes Immunsystem. Gerade wenn jemand sehr oft erkältet ist, kann der entzündungshemmende Holunder gute Dienste leisten. Durch seine stoffwechselfördernde und harntreibende Wirkung wird er auch gerne bei Rheuma als Zusatztherapie eingesetzt.

Achtung: Nicht mit den Blüten des Zwerg-Holunders *(Sambucus ebulus)* verwechseln – diese riechen im Gegensatz zum *Sambucus nigra* sehr unangenehm.

Man benötigt:

- 3–4 Holunderblütendolden
- 60 g Mandelöl
- 40 g Jojobaöl
- 5 Tropfen Vitamin E
- Alkohol zum Desinfizieren
- Flasche zum Abfüllen

Holunderblütenöl

Pflegt zarte Haut

Holunderblüten schmecken nicht nur gut und sind als Tee eine wahre Wohltat, sie wirken auch pflegend für die Haut. Die darin enthaltenen Flavonoide haben eine antioxidative Wirkung, die der Regeneration dient. Das Öl bereitet man am besten mit den frischen Blüten zu, die man etwa einen halben Tag antrocknen lässt. Das fertige Holunderblütenöl kann man pur als Körperöl verwenden oder es weiter zu Salben und Cremes verarbeiten.

So wird's gemacht:

Arbeitsplatz und alle Arbeitsgeräte mit Alkohol desinfizieren.

Anschließend die einzelnen Blüten von den Dolden abzupfen und in ein feuerfestes Glas geben.

Mit den Ölen übergießen und im Wasserbad erhitzen. Das Öl sollte aber nicht über 70 °C heiß werden, daher immer wieder kontrollieren. Dies lässt man für etwa eine Stunde ziehen.

Anschließend vom Herd nehmen, abkühlen und über Nacht stehen lassen.

Am nächsten Morgen nochmal auf 70 °C erhitzen und für 5 Minuten ziehen lassen, dann abseihen.

Das Vitamin E untermischen und in Flaschen füllen.

Haltbarkeit: etwa 10 bis 12 Monate

So wird's gemacht:
Arbeitsplatz und alle Arbeitsgeräte mit Alkohol desinfizieren.
Alle Zutaten miteinander vermischen und in eine kleine Tropfflasche oder Roll-On füllen.
Zur Anwendung reicht schon ein Tropfen, der in die feuchte Haut eingeklopft wird.
Haltbarkeit: etwa 10 bis 12 Monate

Holunderaugenöl

Ein Anti-Aging-Mittel

Das Holunderaugenöl ist ein feines Anti-Aging-Öl für die zarte Haut rund um die Augen, es regeneriert und spendet Feuchtigkeit. Es sollte dabei nicht in die Augen gebracht, sondern nur sanft in die Haut eingeklopft werden.

Man benötigt:

- 29 g Holunderblütenöl
- 1 g Sanddornfruchtfleischöl
- 1 Tropfen ätherisches Öl Immortelle *(Helichrysum italicum)* (optional)
- Alkohol zum Desinfizieren
- Tropfflasche oder Roll-On

Man benötigt:

- 50 g Holunderblütenöl
- 5 g Wollwachs
- 5 g Bienenwachs
- ätherische Öle:
  4 Tropfen Benzoe
  (*Styrax tonkinensis*)
  2 Tropfen Lavendel fein
  (*Lavandula angustifolia*)
- Alkohol zum Desinfizieren
- Tiegel zum Abfüllen

Holunder-Allroundsalbe

Bei Verletzungen

Das Holunderblütenöl kann man auch zu einer Salbe weiterverarbeiten, die bei kleineren Schürf- und Schnittwunden hilft. Auch bei Insektenstichen wirkt sie juckreizlindernd und beruhigend. Als sanfte After-Sun-Pflege bringt sie Feuchtigkeit in die Haut zurück und wirkt auch bei strapazierter und rauer Haut.

So wird's gemacht:
Arbeitsplatz und alle Arbeitsgeräte mit Alkohol desinfizieren.
Danach Holunderblütenöl, Woll- und Bienenwachs in ein feuerfestes Glas geben und im Wasserbad erhitzen. Unter Rühren schmelzen lassen. Anschließend vom Herd nehmen und unter Rühren auf Handwärme abkühlen lassen. Die ätherischen Öle hinzufügen und in Tiegel abfüllen. Abkühlen lassen, erst danach die Salbe verschließen.
Haltbarkeit: etwa 10 bis 12 Monate

So wird's gemacht:

Milch und Schlagobers in einen Topf geben und langsam erhitzen. Holunderblütendolden hinzugeben und zugedeckt für 5 Minuten mitziehen lassen.
Topf vom Herd nehmen und abkühlen lassen. Im Kühlschrank über Nacht kalt stellen.
Am nächsten Tag durch ein feines Sieb abseihen. Flüssigkeit mit dem Holundersirup, dem Mark einer halben Vanilleschote und dem Zitronenabrieb vermengen.
Wer eine Eismaschine hat, kann das Eis darin zubereiten. Ansonsten die Masse in eine große Schüssel geben und in den Tiefkühler stellen.
Nach etwa ein- bis eineinhalb Stunden herausnehmen und mit einem Mixer oder Rührbesen kräftig aufschlagen, sodass viel Luft eingeschleust wird. Die Prozedur etwa zwei bis drei Mal alle 30 Minuten wiederholen, bis eine cremige Konsistenz erreicht ist.
Danach das Eis gleich verzehren oder in eine handlichere Form umfüllen und im Tiefkühler lagern.
Haltbarkeit: tiefgekühlt etwa 2 Monate

Sommerfrische-Eis fürs Urlaubsfeeling

Der Geschmack der Holunderblüten wird jedes Jahr sehnsüchtig erwartet, denn er läutet den Frühsommer ein und schmeckt nach Sonne, Leichtigkeit und Urlaub. Das aromatische Eis, garniert mit ein paar Erdbeeren, ist an heißen Tagen eine kleine Sünde wert!

Man benötigt:

- 2–3 frische Holunderblütendolden
- 130 g Milch
- 100 g Schlagobers (Schlagsahne)
- 70 g Holundersirup
- Mark einer halben Vanilleschote
- Abrieb einer halben Bio-Zitrone

Man benötigt:

- frische Holunderblüten
- Honig

Holunderblütenhonig

Fürs Immunsystem

Holunder hat eine sehr immunstärkende und entzündungshemmende Wirkung, ebenso der Honig, der ein sehr wertvolles Naturprodukt ist. Beide gemeinsam ergeben ein Hausmittel, das man vorbeugend zur Immunstärkung oder bei Erkältungen löffelweise einnehmen kann.

So wird's gemacht:

Die Holunderblüten einzeln abzupfen und bis etwa zu einem Drittel in ein Glas füllen.

Mit dem Honig übergießen und gut verrühren, danach verschließen.

Täglich schwenken oder das Glas umdrehen, da die Blüten gerne an die Oberfläche schwimmen.

Nach etwa 14 Tagen können die Blüten abgeseiht werden. Man kann sie aber genauso gut im Honig lassen und mitessen.

Haltbarkeit: etwa ein Jahr

So wird's gemacht:
Arbeitsplatz und alle Arbeitsgeräte mit Alkohol desinfizieren.
Alle Zutaten in eine Zerstäuberflasche füllen und gut schütteln.
Haltbarkeit: etwa 2 Monate

Holunderblüten-Minz-Body-Sprizz

Holunderblütenwasser pur ist nicht nur ein tolles Gesichtswasser, sondern auch als entzündungshemmendes Mundwasser einsetzbar. Gemeinsam mit Pfefferminzhydrolat verwandelt es sich in einen Body-Sprizz. Pflegend und kühlend ist der Körperspray der perfekte Begleiter im Sommer!

Man benötigt:

- 50 g Holunderblütenhydrolat
- 47 g Pfefferminzhydrolat
- 2 g Glycerin
- 1 g Biokons
- Alkohol zum Desinfizieren
- Zerstäuberflasche

Johanniskraut

Rund um Johanni, den 24. Juni, beginnt vielerorts das Johanniskraut zu blühen. Die strahlend gelben Blüten fangen die Kraft der Sonne ein und konservieren sie für spätere Zeiten. Besonders an dunklen Wintertagen dürfen wir von dieser Energie profitieren, wenn uns das Johanniskraut Licht bringt. Es gilt nicht umsonst als das „Arnika der Nerven". Es wirkt stimmungsaufhellend, beruhigend und ist auch ein Stärkungsmittel bei Schwächezuständen.

Äußerlich ist es ein hervorragender Wundheiler, da es eine antivirale und entzündungshemmende Wirkung aufweist. Bei Muskelschmerzen, Hexenschuss oder auch bei Ischiasbeschwerden ist das Johanniskraut eine wahre Wohltat.

(Hypericum perforatum), Hartheugewächse *(Hypericaceae)*

Charakteristisch für das Echte Johanniskraut ist der zweikantige Stängel. Die Blätter und Blüten sehen wie perforiert aus. Kleine Drüsen enthalten Harze und ätherisches Öl. Dunkle Punkte speichern das Hypericin, das die Finger beim Zerreiben rot färbt. Dieses ist auch für die herrlich rote Farbe des Ölauszugs verantwortlich. Nicht umsonst wird es auch Rotöl genannt.

Achtung: Johanniskraut erhöht die Lichtempfindlichkeit. Nach einer Einnahme oder der äußerlichen Anwendung von Johanniskraut sollte man daher nicht in die pralle Sonne gehen. Es kann auch die Wirksamkeit von Medikamenten beeinflussen, daher die Anwendung mit dem Arzt abklären.

Man benötigt:

- 2 große Handvoll frische Johanniskrautblüten
- 1 Vanilleschote
- 2 Nelken
- 1 Liter Schnaps 40 Vol.-%
- 350 g Kandiszucker

Sonnenkraft-Likör

Wärmt von innen

Als Alternative zu einer Johanniskraut-Tinktur kann man auch einen Likör ansetzen. Gerade in den dunklen Wintermonaten, in denen Seele und Körper nach Licht lechzen, tut die kleine Sonnentherapie von innen besonders gut. Der Likör mit Johanniskrautblüten und feinen Gewürzen gibt die Wärme und die Kraft des Sommers in den Körper ab.

So wird's gemacht:

Kandiszucker in ein verschließbares Glas geben. Johanniskrautblüten leicht anquetschen und zum Zucker hinzufügen. Vanilleschote aufschneiden und das Mark auskratzen. Beides gemeinsam mit den Nelken zu den Blüten geben.

Mit Schnaps aufgießen und verschließen.

An einem hellen, aber nicht vollsonnigen Platz für 4 bis 6 Wochen ziehen lassen. Man kann den Likör auch täglich für mehrere Minuten in die Sonne stellen, damit er ihre Kraft einfängt. Er sollte nur nicht allzu lange in der prallen Sonne stehen.

Zwischendurch immer wieder kräftig schütteln. Anschließend abseihen und in Flaschen füllen.

Haltbarkeit: mehrere Jahre

So wird's gemacht:
Arbeitsplatz und alle Arbeitsgeräte mit Alkohol desinfizieren.
Die Johanniskrautblüten leicht anquetschen und bis etwa zur Hälfte in in ein verschließbares Glas füllen.
Mit dem Öl übergießen und für die ersten 3 bis 5 Tage nur mit einem Tuch bedecken. Danach gut verschließen und für mindestens 14 Tage, gerne auch bis zu 4 Wochen an einem hellen, aber nicht vollsonnigen Platz ziehen lassen.
Man kann wie beim Likör das Öl für mehrere Minuten täglich in die Sonne stellen, damit es deren Kraft aufsaugen kann.
Anschließend durch ein feines Sieb abseihen und in Flaschen füllen.
Haltbarkeit: 10 bis 12 Monate

Kraftvolles Rotöl

Vielseitiges Hausmittel

Johanniskrautöl, auch Rotöl genannt, wurde früher in jedem Haushalt angesetzt. Seine antivirale und entzündungshemmende Wirkung wurde das ganze Jahr über gebraucht. So ist es ein perfektes Mittel bei Hexenschuss, Ischiasbeschwerden und Muskelverspannungen, aber auch bei Sonnenbrand, blauen Flecken oder Wunden. Man sagt, das Johanniskrautöl geht bis in die Knochen, darum ist seine Wirkung auch so beliebt. Das tiefrote Öl bekommt seine Farbe durch den Wirkstoff Hypericin. Das Öl kann äußerlich pur, oder als Beigabe zu Salben und Cremen verwendet werden. Auch innerlich kann das Öl bei Magen-Darm-Geschwüren eingenommen werden.

Man benötigt:

- frische Johanniskrautblüten
- Oliven- oder Sonnenblumenöl
- Alkohol zum Desinfizieren

Man benötigt:

- 80 g Johanniskrautöl
- 10 g Bienenwachs
- 10 g Sheabutter
- 5 Tropfen Lavendel fein *(Lavandula angustifolia)*
- Alkohol zum Desinfizieren

Muskelwohl-Salbe

Löst Verspannungen

Das wertvolle Rotöl kann zu einer Salbe weiterverarbeitet werden, welche bei Muskelverspannungen, Hexenschuss, Prellungen oder Verstauchungen verwendet wird. Sie hilft aber auch bei Sonnenbrand und leichten Verbrennungen. Auch bei der Narbenpflege hat sich die Johanniskrautsalbe bewährt.

So wird's gemacht:

Arbeitsplatz und alle Arbeitsgeräte mit Alkohol desinfizieren.

Danach Johanniskrautöl, Sheabutter und Bienenwachs in ein feuerfestes Glas geben und im Wasserbad erhitzen. Unter Rühren schmelzen lassen. Anschließend vom Herd nehmen und unter Rühren auf Handwärme abkühlen lassen. Das ätherische Öl hinzufügen und in Tiegel abfüllen.

Im Kühlschrank abkühlen lassen, erst danach die Salbe verschließen.

Haltbarkeit: etwa 10 bis 12 Monate

So wird's gemacht:
Das Johanniskraut als Basis für eine Art Strauß verwenden. Es sollte etwa 20 cm lang sein, kann aber auch länger oder kürzer verwendet werden.
Weitere Pflanzen wie Currykraut, Ringelblumen-, Kamillen- oder Königskerzenblüten zum Johanniskraut geben. Dabei die Kräuter zu einem festen Bündel zusammendrücken. An einem Ende mit dem Garn umwickeln und gut verknoten.
Das Garn nun im Abstand von etwa 1 bis 2 cm um die Kräuter wickeln und dabei fest zusammenziehen. Am anderen Ende des Bündels wieder mit dem Garn umwickeln und über Kreuz das Garn nochmal über den Räucherstick führen. Das Ende gut verknoten und anschließend abschneiden.
Das Räucherbündel an einem luftigen und trockenen Ort aufhängen und für mehrere Wochen durchtrocknen lassen.
Haltbarkeit: mindestens 1 Jahr, danach nimmt die Wirkung langsam ab

Räucherstick

Für Sonne im Herzen

Auch beim Räuchern wirkt das Johanniskraut aufmunternd und stimmungsaufhellend. Der Räucherstick ist perfekt für die dunklen Monate, in denen man ein bisschen Sonnenkraft benötigt. Es kann auch negative emotionale Spannungen auflösen und wirkt sehr klärend. So reinigt es im Alltag die Atmosphäre unserer Räume und sorgt für eine ausgleichende und beruhigende Stimmung. Nachdem der Räucherstick gut getrocknet ist, zündet man ihn an einem Ende an und lässt ihn auf einer feuerfesten Unterlage vor sich hinglimmen. Zum Ablöschen in Sand stecken, danach kann er jederzeit wieder neu befeuert werden.

Man benötigt:

- Johanniskraut-Kraut
- Ringelblumenblüten
- Currykraut *(Helichrysum italicum)*
- Kamillenblüten
- Königskerzenblüten
- Gartenschere
- natürliches Garn

Kamille

Wer kennt nicht den einhüllenden Duft der Kamille? Beruhigend und beschützend wirkt er auf uns – so gilt diese Pflanze nicht umsonst als eines der ältesten und bekanntesten Heilmittel und wird gerne in der Kinder- und Frauenheilkunde verwendet. Ihr lateinischer Name *Maticaria,* „Pflanze der Mütter", bekräftigt dies. Denn er kommt vom Lateinischen *mater* = Mutter oder *matrix* = Gebärmutter.

Frische Kamille hat einen starken aromatischen Geschmack. Daher lohnt es sich, einen Tee aus den frischen Blütenköpfen herzustellen. Die darin zu findenden Inhaltsstoffe wie ätherisches Öl, Kumarine, Schleimstoffe und Flavonoide bringen die entzündungshemmende, reizmildernde und beruhigende Wirkung.

Als Mittel der Wahl hilft die Kamille bei Magenbeschwerden, Krämpfen der Verdauungsorgane, Übelkeit, Erbrechen und Durchfall. Sie

schützt die Magenschleimhaut und wirkt stark reizmildernd. Das macht sie zu einem ausgezeichneten Kinderheilkraut, wo sie bei Bauchschmerzen oder auch bei Zahnweh verwendet werden kann. Auch als Schlaftrunk hilft sie am Abend. Frauen schätzen sie wegen der entkrampfenden Wirkung bei Menstruationsbeschwerden. Und selbst bei Nasennebenhöhlenentzündungen oder Reizungen im Rachenraum ist die Kamille zur Stelle.
Die zarte Pflanze findet man wild an Weg- und Ackerrändern. Dabei sollte sie nicht mit der Hundskamille verwechselt werden. Nur die Echte Kamille hat einen hohlen Blütenkopf!

Achtung: Selten kommt es zu allergischen Reaktionen bei der Echten Kamille, daher vorher die Verträglichkeit testen.

Man benötigt:

- 1 Handvoll frische oder getrocknete Kamillenblüten
- 100 g Mandelöl
- 5 Tropfen Vitamin E
- Alkohol zum Desinfizieren

Kamillenöl

Für kleine Wunden

Die Kamille wird bei diversen Hautproblemen verwendet, da sie sehr entzündungshemmend und antibakteriell wirkt. Bei schlecht heilenden Wunden, Ekzemen, Verbrennungen und auch Nagelbettentzündungen kann ein starker Kamillentee oder auch ein Ölauszug aus Kamillenblüten verwendet werden.

So wird's gemacht:

Arbeitsplatz und alle Arbeitsgeräte mit Alkohol desinfizieren.

Kamillenblüten zerkleinern und in ein feuerfestes Glas füllen.

Mit dem Öl übergießen und im Wasserbad erhitzen. Das Öl soll nicht über 70 °C heiß werden, daher immer wieder kontrollieren. Dies lässt man für etwa eine Stunde ziehen.

Anschließend vom Herd nehmen, abkühlen und über Nacht stehen lassen.

Am nächsten Morgen nochmal erhitzen und dann abseihen.

Das Vitamin E untermischen und in Flaschen füllen.

Haltbarkeit: etwa 10 bis 12 Monate

So wird's gemacht:
Arbeitsplatz und alle Arbeitsgeräte mit Alkohol desinfizieren.
Danach Kamillenöl, Woll-und Bienenwachs in ein feuerfestes Glas geben und im Wasserbad erhitzen, bis das Wachs geschmolzen ist.
Anschließend vom Herd nehmen und unter Rühren auf Handwärme abkühlen lassen.
Nun die ätherischen Öle sowie das Sanddornfruchtfleischöl hinzufügen und in Tiegel abfüllen.
Abkühlen lassen, erst danach die Salbe verschließen.
Haltbarkeit: etwa 10 bis 12 Monate

Kamillenbalsam

Lindert und heilt

Bei spröder und rissiger Haut tut der Kamillenbalsam besonders gut. Seine beruhigende und entzündungshemmende Wirkung sorgt für rasche Linderung. Raue Ellbogen oder Knie verwandelt der Kamillenbalsam wieder in zarte Hautpartien. Gerne kann das Kamillenöl auch mit Ringelblumenöl gemischt werden, so entsteht ebenso ein wirksamer Balsam.

Man benötigt:

- 50 g Kamillenöl
- 4 g Wollwachs
- 6 g Bienenwachs
- 5 Tropfen Sanddornfruchtfleischöl
- ätherische Öle (optional):
  2 Tropfen Lavendel fein *(Lavandula angustifolia)*
  2 Tropfen Echte Kamille *(Chamomilla recutita)*
- Alkohol zum Desinfizieren
- Tiegel zum Abfüllen

Man benötigt:

- 100 g Natron
- 50 g Zitronensäure
- 40 g Maisstärke
- 2 EL Kamillenöl oder ein neutrales Öl
- 2 EL Kokosöl
- 4 EL getrocknete Kamillenblüten
- ätherische Öle
  2 Tropfen Lavendel fein *(Lavandula angustifolia)*
  2 Tropfen Echte Kamille *(Chamomilla recutita)*
  4 Tropfen Grapefruitöl *(Citrus paradisi)*
- Alkohol zum Desinfizieren
- Silikonform

Kamillen-Gesichtsdampfbad-Tabs

Kamille ist ein wahrer Hautberuhiger. In einem einfachen Dampfbad oder mit diesen praktischen Gesichtsdampfbad-Tabs klärt und beruhigt sie beanspruchte Haut. Gerade jugendliche, von Akne betroffene Haut profitiert von der heilenden Kamille.
Vor einer Anwendung wird das Gesicht gründlich gereinigt. Je nach Größe der Silikonformen ein bis zwei Tabs in eine Schüssel geben und mit heißem Wasser übergießen. Kopf mit genügend Abstand über den heißen Dampf halten und etwa 5 bis 10 Minuten die aromatische Gesichtssauna genießen. Für eine intensivere Anwendung ein Handtuch über den Kopf legen. Danach das Gesicht nochmals reinigen und mit einer Hautcreme pflegen.

So wird's gemacht:
Arbeitsplatz und alle Arbeitsgeräte mit Alkohol desinfizieren.
Natron, Zitronensäure und Maisstärke in eine Schüssel geben.
Kamillenblüten im Mörser fein reiben und ebenfalls hinzumischen.
Kokosöl leicht erwärmen, damit es flüssig ist und gemeinsam mit dem Kamillen-Ölauszug zur Natronmischung geben.
Die ätherischen Öle eintropfen und alles gut miteinander vermischen, sodass ein sandiger Teig entsteht.
In kleine Silikonformen abfüllen und für ein bis zwei Tage durchtrocknen lassen.
Vor dem Herauslösen kurz in das Tiefkühlfach geben, so lösen sich die Tabs am einfachsten aus der Form.
Haltbarkeit: 4 bis 5 Monate

Kapuzinerkresse

In vielen Gärten ist diese hübsche Pflanze zu finden: Elegant rankt sie sich hoch und bringt mit ihren orangefarbenen oder roten Blüten neben den tiefgrünen, runden Blättern den Garten zum Leuchten. Die Pflanze kam etwa im 16. Jahrhundert aus Südamerika nach Europa, wo sie zunächst in den Klostergärten Einzug hielt.

Bereits die Inkas nutzten die Kapuzinerkresse als Schmerz- und Wundheilmittel, und auch bei uns machte sie sich schnell einen Namen. Ihre Blätter und Blüten schmecken auffallend scharf. Die darin enthaltenen Senfölglykoside sind ihr Schutz gegen Fressfeinde. Als natürliches Antibiotikum oder „Bauern-penicillin“ ist die Kapuzinerkresse in der Naturheilkunde bekannt. Die bakterien- und virenhemmende Wirkung macht sie zu einem wertvollen Hausmittel bei vielen Erkrankungen. Besonders bei Infektionen der Harn- und Atemwege hilft die

Kapuzinerkresse, aber auch bei Nebenhöhlen - und Mandelentzündungen sowie bei Schnupfen.
Senfölglykoside sind flüchtig, das heißt, dass sie beim Trocknen verloren gehen. Daher ist es nicht ratsam, Kapuzinerkresse zu trocknen. Man verarbeitet sie immer frisch: Herrlich schmeckt sie zum Beispiel in Salaten oder Aufstrichen – dabei kann man Blüten und Blätter verwenden. Oder man konserviert die frischen Pflanzenteile in Essig oder Alkohol.
Die scharfen Blüten und Blätter wirken belebend und erfrischend – ein perfekter Snack bei Müdigkeit und Antriebslosigkeit. Die Pflanze fördert die Lebensfreude und darf möglichst oft in die Ernährung eingebaut werden.

Achtung: Wer empfindlich auf Scharfstoffe reagiert, sollte seinem Magen und Darm zuliebe nicht zu viel Kapuzinerkresse essen.

Man benötigt:

- 200 g weiche Butter
- 1 EL Joghurt
- 1 große Handvoll frische Kapuzinerkresseblüten und -blätter
- etwas Abrieb einer Bio-Zitrone
- Salz und Pfeffer

Kapuzinerkresse-Butter

Frisch und köstlich

Am besten baut man die gesunden Kräuter in die Ernährung mit ein, noch dazu auf eine köstliche Art und Weise: Die Kapuzinerkresse-Butter schmeckt herrlich auf frischem Brot oder Baguette, aber auch zu Gegrilltem!

So wird's gemacht:
Die weiche Butter mit dem Joghurt in einer Schüssel vermischen. Mit Salz, Pfeffer und Zitronenabrieb nach Wunsch abschmecken.
Die Kapuzinerkresse fein hacken und untermischen. Im Kühlschrank für eine Stunde durchziehen lassen.
Haltbarkeit: 1 Woche im Kühlschrank

So wird's gemacht:
Die Blüten und Blätter möglichst klein schneiden und in ein verschließbares Glas geben.
Mit dem Essig übergießen und für mindestens 14 Tage, gerne auch 3 bis 4 Wochen an einem hellen, aber nicht vollsonnigen Platz ziehen lassen. Zwischendurch immer wieder schütteln.
Danach abseihen und in Flaschen füllen.
Haltbarkeit: etwa 1 Jahr

Kapuzinerkresse-Essig

Hilft der Verdauung

Apfelessig ist an sich schon ein wertvolles Nahrungsmittel, da er sich sehr positiv auf die Verdauung auswirkt und den Darm von innen pflegt. Gemeinsam mit den Blüten der Kapuzinerkresse entsteht ein farbiger Essig, der gut schmeckt und etwas für die Gesundheit tut. Die orangeroten Blüten färben den Essig und geben einen leicht scharfen Geschmack ab. Der Essig verfeinert alle Blattsalate und kann auch mit Wasser aufgespritzt täglich als Hausmittel eingenommen werden. Oder man verwendet ihn als Haarspülung bei schuppigem oder fettigem Haar. Dazu verdünnt man ihn stark mit Wasser und spült damit nach dem Waschen die Haare.

Man benötigt:

- 2 Handvoll frische Blüten und Blätter
- 0,5 l Apfelessig

Man benötigt:

- 1 Handvoll frische Blüten und Blätter
- 100 g Alkohol 40 Vol.-%

Kapuzinerkresse-Tinktur

Stärkt die Abwehr

Tinkturen sind eine praktische und einfache Möglichkeit, die Inhaltsstoffe zu konservieren. Die Kapuzinerkresse-Tinktur kann so bei Atem- oder Harnwegsinfekten verwendet werden, aber auch zur Stärkung der körpereigenen Abwehr.

So wird's gemacht:
Die Blüten und Blätter möglichst klein schneiden und in ein verschließbares Glas geben.
Mit dem Alkohol übergießen und für mindestens 14 Tage, besser 3 bis 4 Wochen an einem hellen, aber nicht vollsonnigen Platz ziehen lassen. Zwischendurch immer wieder schütteln.
Danach abseihen und in Flaschen füllen.
Haltbarkeit: mindestens 1 Jahr, danach nimmt die Wirkung langsam ab

Kirsche

Üppig eröffnen die Kirschbäume im Frühling den Reigen der blühenden Obstbäume. Innerhalb weniger Tage zeigen sich die vorher noch kahlen Zweige in voller Blüte. In Japan wird die Kirschblüte groß gefeiert, die feinen Blüten gelten dort als ein Symbol der Schönheit.

Bei uns verbindet man Kirschblüten auch mit einem Brauch im Advent: So werden am 4. Dezember, am Tag der heiligen Barbara, Kirschzweige geschnitten und in einer Vase ins Warme gestellt. Beginnen sie bis Weihnachten zu blühen, so verheißt das Glück fürs kommende Jahr. Außerdem waren sie Grundlage für so manches Orakel: Jungen Mädchen gab es sogar Aufschluss über den zukünftigen Bräutigam.

In der Kosmetik werden die feinen Blüten gerne als Inhaltsstoff verwendet. Leider lässt sich der herrliche Duft nicht einfangen, aber die Wirkstoffe können genutzt werden. So sorgen sie für ein samtiges Hautgefühl und nähren und beruhigen gereizte Haut. Reich an Antioxidantien schützen sie vor freien Radikalen und zaubern einen rosigen Teint.

Für die Rezepte eignen sich beispielsweise folgende Blüten:
Vogelkirsche *(Prunus avium)*,
Herzkirsche*(Prunus avium subsp. juliana)*,
Sauerkirsche *(Prunus cerasus)*,
Japanische Blütenkirsche
(Prunus serrulata).

Man benötigt:

- 2 Handvoll frische Kirschblüten
- 100 g Mandelöl
- 5 Tropfen Vitamin E
- Alkohol zum Desinfizieren

Kirschblütenöl

Für zarte Haut

Blühende Obstbäume sind wertvolle Nahrung für viele Bienen und Insekten. Auch die Kosmetik weiß die feinen Kirschblüten zu schätzen, zum Beispiel für ein pflegendes Öl. Als Auszug oder Mazerat darf es pur als Körperöl oder als Zutat in Naturkosmetik-Produkten verwendet werden.

So wird's gemacht:
Die Blüten für etwa einen halben Tag antrocknen lassen.
Arbeitsplatz und alle Arbeitsgeräte mit Alkohol desinfizieren.
Kirschblüten etwas zerkleinern und in ein verschließbares Glas füllen.
Mit dem Öl übergießen und für die ersten 3 bis 5 Tage nur mit einem Tuch bedecken. Danach gut verschließen und für mindestens 14 Tage, gerne auch 3 bis 4 Wochen an einem hellen, aber nicht vollsonnigen Platz ziehen lassen.
Anschließend durch ein feines Sieb abseihen, Vitamin E hinzugeben und in Flaschen füllen.
Haltbarkeit: 6 bis 8 Monate

So wird's gemacht:
Arbeitsplatz und alle Arbeitsgeräte mit Alkohol desinfizieren.
Kirschblütenöl und Bienenwachs abwiegen und in ein feuerfestes Glas geben.
Im Wasserbad erwärmen und das Wachs schmelzen lassen. Hat sich alles gut miteinander verbunden, den Herd abschalten.
Danach die Kakaobutter hinzugeben und schmelzen, das ätherische Öl sowie das Pigment einrühren. Anschließend in kleine Dosen abfüllen und im Kühlschrank aushärten lassen. Erst dann verschließen.
Haltbarkeit: etwa 6 Monate

Kirschblüten-Lippenbalsam

Für die zarte Lippenhaut ist das Kirschblütenöl eine herrliche Pflege. Auch wenn es nicht duftet, so enthält es doch die wertvollen pflanzlichen Inhaltsstoffe. Mit natürlichen Pigmenten erhält der Balsam eine schöne Farbe und zaubert einen süßen Kussmund.

Man benötigt:

- 12 g Kirschblütenöl
- 6 g Kakaobutter
- 3 g Bienenwachs
- 2 Tropfen ätherisches Öl Rose (*Rosa* x *damascena*) (optional)
- 1/4 TL Kosmetikpigment in Rot (optional)
- Alkohol zum Desinfizieren
- kleine Dosen zum Abfüllen

Man benötigt:

- 80 g Sheabutter
- 50 g Kirschblütenöl
- 20 g Kakaobutter
- 10 Tropfen ätherisches Öl Rose (*Rosa* x *damascena*) (optional)
- 1/4 TL Kosmetikpigment in Rosa (optional)
- 10 Tropfen Seidenprotein (optional)
- Alkohol zum Desinfizieren
- Tiegel zum Abfüllen

Frühlings-Bodybutter

Für mehr Feuchtigkeit

Sich im Frühling mit dem Zauber der Kirschblüten pflegen – ganz einfach geht das mit der feuchtigkeitsspendenden Bodybutter! Sie sorgt nach dem Winter für eine zarte Haut, Mit einem Hauch Kosmetikpigment holt man sich die rosafarbenen Kirschblüten ins eigene Badezimmer.

So wird's gemacht:
Arbeitsplatz und alle Arbeitsgeräte mit Alkohol desinfizieren.
Sheabutter und Kirschblütenöl im Wasserbad leicht erwärmen, bis die Sheabutter geschmolzen ist.
Temperatur zurückdrehen und die Kakaobutter schmelzen lassen.
Abkühlen lassen und im Kühlschrank für mehrere Stunden kalt stellen.
Danach mit einem Mixer luftig aufschlagen und ätherisches Öl, Pigmentpulver und Seidenprotein unterrühren.
Nochmal mit dem Mixer aufschlagen und in einen Tiegel abfüllen.
Haltbarkeit: etwa 6 Monate

So wird's gemacht:
Zunächst die frischen Kirschblüten pressen und trocknen lassen. Dies kann man entweder mithilfe einer Blumenpresse oder mit einem ausgemusterten Buch machen. Dazu die Blüten ordentlich in das Buch legen, es vorsichtig schließen und mit weiteren Büchern oder schweren Gegenständen beschweren. Für mehrere Wochen darin trocknen lassen.
Die Wachsreste in einem alten Topf erwärmen, bis sie schmelzen. Danach etwas Wachs mit einem Pinsel auf die Rückseite der gepressten Blüte geben und auf die Kerze kleben.
Das Wachs leicht über die Blüte auf die Kerze streichen, damit sie gut hält. Da das Wachs sehr schnell wieder fest wird, zügig arbeiten. Mit den weiteren Blüten genauso verfahren.

Kirschblütenkerzen

Verschönern den Alltag

Die Leichtigkeit und den Zauber des Frühlings kann man auch mit Hilfe dieses Bastelprojekts einfangen. Dafür werden zunächst die Blüten getrocknet und später mithilfe von Wachs auf die Kerzen geklebt. So entsteht aus den Blüten eine wunderschöne Kerze, die auch ein hübsches Geschenk ist.

Man benötigt:

- einige Kirschblüten
- Buch oder Blumenpresse
- 1 Kerze
- Wachsreste und alten Topf
- Pinsel

Königskerze

Königlich anmutend steht sie da mit ihrem kerzengeradem Wuchs: Die stolze Schönheit findet man auf steinigen und sonnigen Plätzen. Auf Böschungen oder Schuttplätzen fühlt sie sich wohl, und aus Bauern- und Klostergärten ist die Großblütige Königkerze nicht wegzudenken.

Es ist eine zweijährige Pflanze, die im ersten Jahr nur die Blattrosette ausbildet, bis sie im zweiten Jahr ihren Stängel Richtung Himmel schiebt. Die Großblütige Königskerze kann bis zu zwei Meter hoch werden und leuchtet schon von Weiten mit ihren vielen gelben Blüten. Diese beginnen nicht alle gleichzeitig zu blühen, sondern erst nach und nach. So erfreut uns die Pflanze über mehrere Wochen mit ihrer Pracht. Gegen neun Uhr vormittags öffnen sich die Blüten und fallen nachmittags nach erfolgter Bestäubung ab. Die wollig behaarten Blätter haben der Königkerze auch den

Namen Wollkraut oder Wollblume eingebracht. Sie schützen gegen lästige Schnecken und im Sommer gegen die Verdunstung.

Die empfindlichen Blüten werden vorsichtig an trockenen Tagen geerntet. Zum Trocknen werden sie luftig und einzeln aufgelegt. Es lohnt sich, sie gelegentlich zu wenden, damit sie nicht braun werden – oder man trocknet die Blüten im Dörrautomat.

Mit ihrer schleimlösenden und reizlindernden Wirkung wird die Königskerze gerne bei Reizhusten und Halsschmerzen verwendet. In Öl ausgezogen kommt sie auch bei Wunden und Ohrenschmerzen zum Einsatz.

Man benötigt:

- 1 Handvoll frische Königskerzenblüten
- 100 g Honig

Halswohl-Honig

Hilfe gegen Husten

Die Königskerze enthält viele Saponine, die helfen, den Bronchialschleim zu verflüssigen. So kann er einfacher abgehustet werden. Die in Honig eingelegten Blüten sind wohltuend bei Reizhusten und Halsschmerzen.

So wird's gemacht:
Die frischen Blüten etwas zerkleinern und in ein verschließbares Glas geben.
Mit dem Honig übergießen und gut verrühren, danach verschließen.
Täglich schwenken oder das Glas umdrehen, da die Blüten gerne an die Oberfläche schwimmen.
Nach etwa 14 Tagen können die Blüten abgeseiht werden. Man kann sie aber genauso gut im Honig lassen und mitessen.
Haltbarkeit: etwa ein Jahr

So wird's gemacht:
Blüten, Kräuter und das Harz im Mörser zerkleinern und anschließend in einer Schüssel gut vermischen. In ein Glas füllen und zum Räuchern etwa einen halben Teelöffel der Mischung verwenden.
Haltbarkeit: mindestens 1 Jahr, danach nimmt die Wirkung langsam ab

Räucherung „Be Happy"

Bringt Licht in die Seele

Schon die Äbtissin Hildegard von Bingen (1098–1179) wusste, dass die Königskerze gegen Traurigkeit und Trübsinn hilft. Sie bestärkt uns, selbstbewusst und aufrecht durchs Leben zu gehen – und die vielen kleinen Blüten, die uns über so viele Wochen im Sommer erfreuen, bringen Licht in die Seele!
So ermutigt die Räucherung mit den Blüten, stärkt das Selbstbewusstsein und wirkt stimmungsaufhellend. Sie vermag auch negative Emotionen abzubauen und sorgt für ein harmonisches Klima. Auch als Wetterpflanze wurde sie bei schweren Gewittern geräuchert, um Spannungen abzuschwächen und gefährliche Blitze fernzuhalten.
Im traditionellen Kräuterbuschen, der am 15. August gebunden und geweiht wird, steht die Königskerze im Mittelpunkt. Die Kräuter des Buschens wurden früher auch für Tees, Heilanwendungen oder zum Räuchern verwendet.

Man benötigt, jeweils getrocknet:

- 2 Teile Königskerzenblüten
- 1 Teil Johanniskraut
- $1/2$ Teil Beifuß
- 1 Teil Wacholderbeeren
- 1 Teil Kiefernharz

Man benötigt:

- 1 Liter Rotwein
- 10 g frische oder getrocknete Königskerzenblüten
- 10 g Fenchelsamen

Königskerzenwein

Nach Hildegard von Bingen

„Wer in der Kehle heiser ist und Schmerzen in der Brust hat, koche Königskerze und Fenchel in gutem Wein und trinke es oft, er wird die Stimme wieder erlangen und heilt die Brust“, schrieb schon Hildegard von Bingen. Schon damals wusste man um die wohltätige Wirkung der Königskerze. Auch um die Stimme von Rednern oder Sängern zu stärken, kann der Heilwein eingenommen werden. Dafür täglich ein kleines Likörglas davon einnehmen.

So wird's gemacht:
Den Fenchel im Mörser anstoßen, die Königskerzenblüten leicht zerkleinern.
Anschließend mit dem Rotwein vermischen und für 2 bis 3 Minuten aufkochen lassen.
Danach für eine Stunde stehen lassen und in Flaschen abfüllen.
Haltbarkeit: kühl und dunkel etwa 4 bis 6 Monate

Lavendel

Der unverkennbare und intensive Duft des Lavendels bezaubert die Menschen schon seit Jahrhunderten und ist Teil vieler Duftkompositionen. Die blauvioletten Lavendelfelder der französischen Provence laden zum Träumen ein und ziehen jeden Sommer viele staunende Menschen an.

Er ist auch etwas ganz Besonderes, denn der hohe Gehalt an ätherischem Öl macht ihn zu einem herausragenden Heilmittel. So wirkt Lavendel desinfizierend, keimhemmend, antibakteriell, antiviral und antifungal. Einerseits beruhigt er unsere Nerven und lässt uns besser einschlafen, andererseits kann er unsere Konzentration und unseren Kreislauf stärken.

Lavendel lindert Blähungen, ist krampflösend und wirkt auch bei Kopfschmerzen. Keine andere Pflanze hilft bei Stress so sehr, wieder durchzuatmen und beruhigt auf so duftende Art und Weise.

Bei Wunden und Verbrennungen ist das ätherische Lavendelöl sehr wirksam. Es lindert die Schmerzen und sorgt für eine gute Wundheilung. Es zahlt sich aus, immer ein Fläschchen ätherisches Lavendelöl im Haus zu haben. Es ist wie eine kleine Apotheke!

Man benötigt,
jeweils frisch oder getrocknet:

- 2 EL Lavendelblüten
- 2 EL Baldrianblüten
- 100 g Mandelöl
- 5 Tropfen Vitamin E
- ätherische Öle:
  4 Tropfen Benzoe
  (Styrax tonkinensis)
  2 Tropfen Lavendel fein
  (Lavandula angustifolia)
- Alkohol zum Desinfizieren
- Flasche zum Abfüllen

Lavendel-Baldrian-Fußöl

Schützt die Sohlen

Unsere Füße leisten täglich wertvolle Dienste für uns, bekommen aber meist wenig Aufmerksamkeit. Die Haut der Fußsohlen ist anders aufgebaut, es gibt dort keine Talgdrüsen und keine Haarfollikel. Normalerweise bildet Talg gemeinsam mit Schweiß eine schützende Schicht auf unserer Haut. Diese arbeitet wie eine Barriere gegenüber hautreizenden Stoffen. Daher ist die Einreibung mit Fußöl auf den Sohlen besonders effektiv. Außerdem ist es eine Wohltat, den Füßen mehr Aufmerksamkeit zu schenken und sie zu massieren. Denn wir haben dort enorm viele Nervenenden, die somit auch positiv angeregt werden.

So wird's gemacht:
Arbeitsplatz und alle Arbeitsgeräte mit Alkohol desinfizieren.
Lavendelblüten im Mörser leicht anstoßen, Baldrianblüten zerkleinern und beides in ein verschließbares Glas geben.
Mit dem Mandelöl übergießen und mindestens 14 Tage, gerne auch 3 bis 4 Wochen an einem hellen, aber nicht vollsonnigen Platz ziehen lassen. Zwischendurch immer wieder leicht schwenken.
Durch ein feines Sieb abseihen, Vitamin E und die ätherischen Öle hinzufügen und in Flaschen abfüllen.
Haltbarkeit: 9 bis 10 Monate
Tipp: Das duftende Öl dient auch als Basis für den Lippenbalsam auf Seite 138f.

So wird's gemacht:
Die Lavendelblüten im Mörser leicht anstoßen, anschließend in ein Glas füllen.
Mit dem Honig übergießen und durchrühren.
Für etwa 14 Tage im Honig ziehen lassen. Gelegentlich umrühren oder das Glas immer wieder umdrehen, sodass die Blüten bedeckt sind.
Danach abseihen oder die Blüten im Honig belassen und mitessen.
Haltbarkeit: etwa 1 Jahr

Aromatisierter Lavendelhonig

Echten Lavendelhonig bekommt man im mediterranen Raum überall dort, wo die violettblauen Lavendelfelder zu finden sind. Die Bienenstöcke werden dazu mitten in die Blütenpracht gestellt. Auf diese Weise bekommt der Honig eine unverkennbar liebliche und blumige Note. Er ist dadurch natürlich sehr kostbar und nicht jeder hat das Glück, ein Glas echten Lavendelhonig zu bekommen.

Eine einfache Variante ist mit Lavendel aromatisierter Honig, der ebenfalls köstlich schmeckt. Löffelweise pur am Abend zum Schlafgehen oder zum Verfeinern von Desserts und Gebäck! Auch bei Erkältungen und Reizhusten tut eine Portion des blumigen Lavendelhonigs gut.

Man benötigt:

- 1 EL Lavendelblüten
- 100 g Honig

Man benötigt:

- 2 Handvoll frische Lavendelblüten
- 250 ml Wasser
- 750 ml Wodka
- Schale einer Bio-Zitrone
- 1 halbe Vanilleschote
- 200 g Zucker

Lavendellikör

Das Lavendelaroma ist auch in der Küche beliebt. Es ist sehr intensiv, daher immer sparsam einsetzen. Ein Likör aus den duftenden Blüten ist ein Highlight in der Kräuterküche: Ein kleines Gläschen pur oder verdünnt oder als Zugabe in Cocktails lässt die heißen Sommertage am Gaumen erahnen.

So wird's gemacht:
Wasser erhitzen und den Zucker darin auflösen, anschließend abkühlen lassen.
Die Lavendelblüten abzupfen und gemeinsam mit der Zitronenschale in einen Topf geben.
Vanilleschote auskratzen und das Mark sowie die Schote hinzugeben.
Mit dem Zuckerwasser übergießen und für 2 bis 3 Tage an einem kühlen Ort zugedeckt ziehen lassen.
Danach abseihen und mit dem Wodka vermischen. In Flaschen abfüllen und genießen.
Haltbarkeit: mehrere Jahre. Er sollte aber kühl und dunkel gelagert werden, so hält sich die Farbe besser.

So wird's gemacht:
Wasser erhitzen und darin den Zucker lösen, anschließend abkühlen lassen.
Die Lavendelblüten abzupfen und gemeinsam mit der Zitronenschale in einen Topf geben.
Vanilleschote auskratzen und das Mark sowie die Schote hinzugeben.
Mit dem Zuckerwasser übergießen und für 2 oder 3 Tage an einem kühlen Ort zugedeckt ziehen lassen.
Danach abseihen und nochmals kurz erhitzen. Heiß in vorher sterilisierte Flaschen füllen.
Haltbarkeit: etwa ein halbes Jahr

Lavendelsirup zur Beruhigung

Lavendelsirup ist im Sommer ein herrlicher Durstlöscher. Er aktiviert und stärkt die Konzentration untertags und lässt einen abends ruhiger werden. Ganz wenig davon reicht schon aus, um ein feines Aroma ins Wasser zu zaubern. Er kann auch zum Verfeinern von Desserts verwendet werden. Die Zubereitung ist ganz ähnlich wie beim Likör.

Man benötigt:

- 2 Handvoll frische Lavendelblüten
- 1 l Wasser
- Schale einer Bio-Zitrone
- 1 halbe Vanilleschote
- 500 g Zucker

Man benötigt:

- 12 g Lavendel-Baldrian-Fußöl (siehe Rezept Seite 130f.)
- 7 g Kakaobutter
- 5 g Bienenwachs
- 2 Tropfen Sanddornfruchtfleischöl
- Alkohol zum Desinfizieren
- Tiegelchen zum Abfüllen

Lavendel-Lippenbalsam

Die entzündungshemmende Wirkung des Lavendels tut auch der empfindlichen Lippenhaut besonders gut. So ist ein Lippenbalsam mit einem Ölauszug aus Lavendelblüten sehr pflegend und duftend zugleich. Als Basis dient der Ölauszug des Fußöls. Man könnte auch einen Ölauszug mit Lavendel-, Rosen- und Ringelblumenblüten herstellen.

So wird's gemacht:
Arbeitsplatz und alle Arbeitsgeräte mit Alkohol desinfizieren.
Lavendel-Baldrian-Fußöl und Bienenwachs abwiegen und in ein feuerfestes Glas geben.
Im Wasserbad erwärmen und das Wachs darin schmelzen lassen. Hat sich alles gut miteinander verbunden, den Herd abschalten.
Danach die Kakaobutter hinzugeben und schmelzen, Sanddornfruchtfleischöl hinzufügen.
In kleine Dosen abfüllen und im Kühlschrank aushärten lassen. Erst dann verschließen.
Haltbarkeit: etwa 8 bis 10 Monate

Linde

Bis zu 40 Meter können Lindenbäume gen Himmel wachsen, und ihre imposante Statur erinnert manchmal an eine Herzform. So ist es nicht verwunderlich, dass die Linde für das Herzliche und Weiche in uns steht. Bei den Germanen war sie der Göttin Freya geweiht, die für die Liebe steht. Daher pflanzte man sie auch gerne in die Nähe von Häusern und Höfen, um Liebe, Glück und Fruchtbarkeit willkommen zu heißen. Aber auch als Dorflinde machte sie sich einen Namen. Unter ihr wurde getanzt, geheiratet oder auch Gericht gehalten. Denn unter der Linde fühlt man sich wohl und mild gestimmt!

Linden beginnen erst ab einem Alter von 20 Jahren zu blühen, dafür dann prächtig! So verströmen dann etwa 60 000 Blüten den feinen, einhüllenden Duft, den man oft schon von Weitem riechen kann. Für viele Bienen und Insekten ist die Linde eine wichtige Nahrungsquelle.

Lindenblüten sind das Mittel der Wahl bei Erkältungen, besonders als schweißtreibender Tee. Er steigert die körpereigene Abwehr und wirkt reizmildernd bei sehr trockenem Husten. Die Blüten haben auch eine beruhigende Wirkung und helfen beim Einschlafen oder bei Stress. Der Haut bieten sie sanfte Pflege und mildern Juckreiz.

Man benötigt:

- 2 Handvoll frische Lindenblüten
- 100 g Mandelöl
- 5 Tropfen Vitamin E
- Alkohol zum Desinfizieren

Lindenblütenöl

Gegen Juckreiz

Farnesol ist der feine Duftstoff in den Lindenblüten, den man am liebsten einfangen und konservieren möchte. Beim Ölauszug geht etwas von dem herrlichen Duft ins Öl über, das so zu einem ganz besonderen Hautpflegemittel wird.

So wird's gemacht:

Arbeitsplatz und alle Arbeitsgeräte mit Alkohol desinfizieren.

Lindenblüten etwas zerkleinern und in ein Glas füllen.

Mit dem Öl übergießen und die ersten 3 bis 4 Tage nur mit einem Tuch bedecken. Anschließend gut verschließen und an einem hellen, aber nicht vollsonnigen Platz für mindestens 14 Tage oder auch 3 bis 4 Wochen ziehen lassen.

Abseihen, Vitamin E hinzufügen und in Flaschen füllen.

Haltbarkeit: etwa 6 bis 8 Monate

So wird's gemacht:
Arbeitsplatz und alle Arbeitsgeräte mit Alkohol desinfizieren.
Xanthan abwiegen, mit dem Glycerin vermischen und beiseitestellen.
Lindenblütenöl und Olivem 1000 in ein feuerfestes Glas geben und im Wasserbad erhitzen.
Lindenblütenhydrolat und destilliertes Wasser in ein weiteres Glas geben, kurz umrühren und im Wasserbad erhitzen.
Haben das Öl und das Hydrolat etwa eine Temperatur von 70 °C erreicht, die Hitze reduzieren.
Nun die Ölphase langsam, nur schlückchenweise zum Hydrolat geben und dabei mit einem kleinen Schneebesen oder Glasstab etwa 3 bis 4 Minuten rühren. Beide Phasen sollten sich gut miteinander verbinden. Danach in eine Schüssel mit kaltem Wasser stellen und weiterrühren. Glycerin-Xanthan-Gemisch hinzugeben und wieder verrühren. Zum Schluss das Biokons untermischen und danach den pH-Wert testen. Er sollte zwischen 5,4 und 5,5 liegen, gegebenenfalls mit Milchsäure anpassen. In Tiegel abfüllen.
Haltbarkeit: etwa 6 bis 8 Wochen

Lindenblüten-Creme

Wunderbar leicht und zart nach Lindenblüten duftend, darf die Creme die Haut im Frühsommer verwöhnen. Lindenblütenöl und Hydrolat sorgen für ein angenehmes Hautgefühl.

Man benötigt:

- 20 g Lindenblütenöl (siehe Rezept S. 140f.)
- 5 g Olivem 1000 (Emulgator)
- 35 g Lindenblütenhydrolat
- 33,7 g destilliertes Wasser
- 5 g Glycerin
- 0,3 g Xanthan
- 1 g Biokons
- pH-Wert-Streifen
- Milchsäure zum Einstellen des pH-Werts
- Alkohol zum Desinfizieren
- Tiegel zum Abfüllen

Man benötigt:

- 15 g Lindenblütenhydrolat
- 0,5 g Glycerin
- 13,9 g destilliertes Wasser
- 0,3 g Biokons
- 0,3 g Hyaluronsäure
- Alkohol zum Desinfizieren
- Tiegel zum Abfüllen

Hyaluron-Gel

Mit zartem Lindenduft

Hyaluronsäure ist ein natürlicher Bestandteil unserer Haut. Sie bindet Feuchtigkeit und sorgt so für ein feines Hautbild. Dabei findet man im Handel meist verschiedene Größen des weißen Pulvers zu kaufen, nämlich hochmolekulare und niedermolekulare Hyaluronsäure. Je kleiner, desto besser kann Hyaluron in die Haut eindringen und desto länger wirkt es auch. Für die Herstellung von Kosmetikprodukten sind nur minimale Mengen nötig. Mit dem sanften Lindenblütenhydrolat wird dieses Gel eine besondere und feuchtigkeitsspendende Pflege!

So wird's gemacht:
Arbeitsplatz und alle Arbeitsgeräte mit Alkohol desinfizieren.
Lindenblütenhydrolat, destilliertes Wasser und Glycerin in ein Glas füllen und verrühren. Hyaluronsäure abwiegen und über die Flüssigkeit streuen, dabei nicht umrühren.
Glas mit einem Tuch abdecken und etwa 2 Stunden in den Kühlschrank stellen. Das Hyaluron zieht nun die Flüssigkeit und bindet alles zu einem Gel.
Anschließend das Biokons einrühren und abfüllen.
Haltbarkeit: etwa 6 bis 8 Wochen

Löwenzahn

Von April bis Mai hüllen sich die Wiesen in ein grün-gelb getupftes Kleid: Die Löwenzahnblüte lockt tausende Insekten an – es lohnt sich, dieses bunte Treiben zu beobachten. Auch wenn der Gewöhnliche Löwenzahn in vielen Gärten als lästiges Unkraut gesehen wird, er ist eine sehr wertvolle Pflanze, die in allen ihren Teilen genieß- und nutzbar ist.

Die Löwenzahnblüte erinnert ein wenig an die prächtige Mähne des stolzen Tieres. Bei genauerer Betrachtung ist sie sehr faszinierend, denn sie besteht aus etwa 200 bis 300 einzelnen Zungenblütchen. Außerdem duftet sie herrlich nach Honig und ist wegen des süßen Nektars heiß begehrt. Die Blüte schließt sich in der Nacht und auch bei Regen. Nach dem Verblühen verwandelt sie sich in luftige Kugeln mit vielen kleinen Samen, die sich wie kleine Fallschirme in die Welt hinausbegeben.

Die anpassungsfähige Pflanze findet man häufig auf stickstoffreichen Böden. Gedüngte Wiesen sind also ein optimaler Standort für den Löwenzahn. Aber mit seiner Kraft durchbohrt er auch schon mal Asphalt und kommt mit fast allen Bedingungen zurecht.

Der sogenannte Ginseng des Westens durchspült Leber, Galle und Nieren. Dafür werden hauptsächlich die Blätter und Wurzeln verwendet – aber auch die Blüte enthält wertvolle Inhaltsstoffe, die man sich zunutze machen darf.
Achtung: Wer eine Allergie gegen Korbblütler hat, sollte bei der Verwendung von Löwenzahn aufpassen.

Man benötigt:

- 1 Handvoll Löwenzahnblüten
- 1/2 Handvoll Löwenzahnblätter
- 1 Handvoll Gundermann (Gundelrebe)
- 300 g Honig
- 100 g Apfelessig
- 1 Prise Salz

Detox-Oxymel

Mit Löwenzahnblüten

Im Frühling, wenn die Natur wieder erwacht, die Wiesen in sattem Grün stehen und die Blumen bunt leuchten, darf auch unser Körper wieder in Schwung kommen: der beste Zeitpunkt, um sich der Kraft des Löwenzahns zu bedienen. Löwenzahn und Gundermann bringen die Leber und die gesamte Verdauung wieder in Schwung.

So wird's gemacht:
Löwenzahn und Gundermann klein schneiden und in ein verschließbares Glas geben.
Honig und Apfelessig mit einem Schneebesen verrühren und das Salz unterstreuen. Über die Kräuter gießen und Glas verschließen.
Für etwa 14 Tage an einem hellen, aber nicht vollsonnigen Platz ziehen lassen.
Danach abseihen und in Flaschen füllen.
Morgens einen Esslöffel mit Wasser aufgießen und trinken.
Haltbarkeit: kühl und dunkel etwa 1 Jahr

So wird's gemacht:
Arbeitsplatz und alle Arbeitsgeräte mit Alkohol desinfizieren.
Zur Vorbereitung für das **Löwenzahnöl** werden die feinen Blätter aus den Löwenzahnblütenkörbchen gezupft. Am besten lässt man sie für einige Stunden auf einem Tuch aufgebreitet trocknen. Anschließend in ein feuerfestes Glas geben und mit dem Mandelöl übergießen. Im Wasserbad für etwa 45 Minuten bei mittlerer Temperatur (nicht über 70 °C) ziehen lassen. Anschließend abseihen, das Löwenzahnöl auffangen und mit dem Vitamin E vermischen.

Für die **Salbe** werden Löwenzahn- und Johanniskrautöl sowie das Bienenwachs abgewogen und in ein feuerfestes Glas gegeben. Im Wasserbad erhitzen und unter Rühren schmelzen lassen. Vom Herd nehmen und mit einem Löffel oder Spatel bei Handwärme rühren. Danach das ätherische Öl eintropfen und nochmals gut verrühren, in Tiegel abfüllen.
Haltbarkeit: etwa 8 bis 10 Monate

Löwenzahnöl und -salbe

Gegen Muskelkater

Aus den Blüten des Löwenzahns lässt sich ein feiner Ölauszug herstellen. Die Salbe wirkt lindernd bei schmerzenden Gelenken und auch bei Muskelkater und Verspannungen. Auch bei rauer und rissiger Haut zieht sie gut ein und wirkt entzündungshemmend und nachhaltig. Auch kleinere Wunden und Insektenstiche können mit der Salbe behandelt werden.

Man benötigt für das Löwenzahnöl:

- 1 Handvoll abgezupfte Löwenzahnblüten
- 100 g Mandel- oder Olivenöl
- 5 Tropfen Vitamin E
- Alkohol zum Desinfizieren

Für die Löwenzahnsalbe:

- 60 g Löwenzahnöl
- 30 g Johanniskrautöl (siehe S. 88f.)
- 10 g Bienenwachs
- 10 Tropfen ätherisches Öl Lavendel fein *(Lavandula angustifolia)*
- Alkohol zum Desinfizieren

Man benötigt:

- 40 g Löwenzahnöl
- 20 g Johanniskrautöl (siehe S. 88f.)
- 10 g Bienenwachs
- 30 g Kakaobutter
- 20 Tropfen ätherisches Öl nach Wahl
- Alkohol zum Desinfizieren
- Silikonformen

Massagebar

Mit Löwenzahn und Johanniskraut

Dieses hilft bei Muskelkater und Verspannungen. Lässt Muskeln wieder besser regenerieren und bringt sie in Schwung. Gerade wenn man im Frühling wieder vermehrt mit Sport beginnt, oder bei einem Muskelkater ist die Massagebar, die bei Körperwärme und durch das Auftragen auf der Haut schmilzt, sehr gut zum Einreiben.

So wird's gemacht:
Arbeitsplatz und alle Arbeitsgeräte mit Alkohol desinfizieren.
Bienenwachs, Löwenzahn- und Johanniskrautöl in ein feuerfestes Glas geben und im Wasserbad schmelzen lassen. Temperatur zurückdrehen und die Kakaobutter hinzugeben. Das ätherische Öl einrühren und sofort in Silikonformen gießen.
Im Tiefkühler 1 bis 2 Stunden aushärten lassen. Anschließend aus den Formen nehmen.
Haltbarkeit: etwa 5 bis 6 Monate

So wird's gemacht:
Arbeitsplatz und alle Arbeitsgeräte mit Alkohol desinfizieren.
Danach Löwenzahnöl und Sheabutter im Wasserbad schmelzen und anschließend zum Abkühlen für etwa 2 Stunden in den Kühlschrank stellen.
Die Masse mit einem Mixer aufschlagen und den Zucker sowie die ätherischen Öle untermischen. In Tiegel abfüllen.
Haltbarkeit: etwa 5 bis 6 Monate

Peeling-Mousse

Erfrischt den Körper

Das Löwenzahnöl kann man auch für eine Peeling-Mousse verwenden. Sie pflegt und aktiviert die Haut. Schon eine kleine Menge ist ausreichend und hinterlässt nach dem Duschen durch die Sheabutter ein zartes Hautgefühl.

Man benötigt:

- 50 g Löwenzahnöl (siehe S. 152f)
- 100 g Sheabutter
- 50 g Zucker
- ätherische Öle:
  5 Tropfen Orange süß *(Citrus sinensis)*
  5 Tropfen Lavendel fein *(Lavandula angustifolia)*
- Alkohol zum Desinfizieren
- Tiegel zum Abfüllen

Man benötigt:

- 100 g abgezupfte Löwenzahnblüten (ohne das Grün)
- 3/4 l Wasser
- 375 g Gelierzucker 2:1
- Abrieb und Saft von 1 Bio-Orange

Löwenzahngelee

Sonne im Glas

Die nach Honig duftenden Blüten können auch wunderbar zum Garnieren von Kuchen, Desserts oder auch Salaten verwendet werden. Als feines Gelee schmecken sie köstlich auf frischem Brot, Brioche oder Gebäck – ein Stück blühende Frühlingswiese für den Frühstückstisch.

So wird's gemacht:
Die feinen Blütenblätter aus den Löwenzahnblütenkörbchen zupfen. Für einige Stunden auf einem Tuch aufgebreitet trocknen lassen. Die Blüten gemeinsam mit dem Wasser in einen Topf geben. Orangenabrieb hinzugeben. Erhitzen und etwa 5 Minuten kochen lassen. Anschließend vom Herd nehmen, abkühlen und zugedeckt über Nacht kalt stellen.
Am nächsten Tag das Blütenwasser durch ein Sieb abseihen. Gemeinsam mit dem Orangensaft und dem Gelierzucker in einen Topf geben und aufkochen lassen. Unter Rühren einige Minuten sprudelnd kochen lassen. Gelierprobe machen und anschließend in sterilisierte Gläser füllen.
Haltbarkeit: etwa 1 Jahr

Mädesüß

Den Duft von Mädesüß vergisst man nicht mehr so schnell: Sehr intensiv, ein wenig nach Bittermandel duftend, lockt die hübsche Pflanze viele Insekten an und gibt reichhaltig Nektar ab. Früher wurde sie auch zum Aromatisieren von Bier und Wein verwendet. Kräuterweine wurden bei Sommerfesten getrunken, aber auch als Arznei verwendet.

Das Echte Mädesüß enthält Salicylsäure-Verbindungen, welche eine entzündungshemmende und schmerzstillende Wirkung haben. Unsere Vorfahren nutzten die Pflanze also ganz intuitiv als Schmerzmittel. Erst im 19. Jahrhundert fanden Chemiker im Mädesüß die Salicylsäure, welche heute synthetisch als Acetylsalicylsäure hergestellt

(Filipendula ulmaria), Rosengewächse *(Rosaceae)*

wird und Verwendung im bekannten Aspirin findet. Als Tee hilft Mädesüsß bei Erkältungskrankheiten, Grippe und rheumatischen Beschwerden. Auch als Blutreinigungsmittel und zum Ausschwemmen von Körpergiften hat es sich bewährt. Zu finden ist Mädesüß auf nährstoffarmen Feucht- und Nasswiesen und auch sehr oft an Bachufern. Von Juni bis oft in den September hinein beschenkt es uns mit seiner weißen Blütenpracht.

Achtung: Bei einer Überempfindlichkeit gegenüber Salicylsäure, bei Asthma und in der Schwangerschaft sollte Mädesüß nicht angewendet werden.

Man benötigt:

❄ Mädesüßblüten

❄ Alkohol 40 Vol.-%

Mädesüßtinktur

Die Tinktur kann wie der Tee auch bei Erkältungen oder Grippe tropfenweise eingenommen werden. Aber es ist auch ein altes Hausmittel zum Einreiben der Gelenke, wenn man an Rheuma oder Gicht leidet.

So wird's gemacht:
Mädesüßblüten zerkleinern und ein Glas bis zu etwa drei Viertel damit befüllen. Mit dem Alkohol übergießen und verschließen.
Für 14 Tage an einem hellen, aber nicht vollsonnigen Platz ziehen lassen. Zwischendurch das Glas immer wieder schütteln. Anschließend abseihen und in Flaschen füllen.
Haltbarkeit: mindestens 1 Jahr

So wird's gemacht:
Apfelessig und Honig in einem Becher gut miteinander verrühren, damit sich der Honig auflöst, Salz ebenso unterrühren.
Das Mädesüß mit einem Messer etwas zerkleinern und in ein verschließbares Glas schichten.
Mit dem Sauerhonig übergießen und verschließen. Für etwa 2 bis 3 Wochen an einem hellen, aber nicht vollsonnigen Platz ziehen lassen, anschließend abseihen und in Flaschen füllen.
Haltbarkeit: kühl und dunkel etwa 1 Jahr

Sommer-Oxymel

Gegen grippale Infekte

Die Mischung aus Essig und Honig, der Sauerhonig, wird auch Oxymel genannt und ist wohl eines der ältesten überlieferten Arzneien der Menschen. Daher passt das schon seit jeher verwendete und geschätzte Mädesüß sehr gut mit dem Oxymel zusammen. Es fungiert als perfekter Begleiter bei Erkältungen und grippalen Infekten. Wer möchte, kann auch noch Linden- und Holunderblüten beimischen. Im Winter lassen sich dafür auch getrocknete Mädesüßblüten verwenden. Der Sauerhonig kann löffelweise pur oder verdünnt mit leicht warmem Wasser oder Tee gemischt getrunken werden.

Man benötigt:

- 100 g Apfelessig
- 300 g Honig
- 2 Handvoll Mädesüßblüten (auch Blätter können verwendet werden)
- 1 Prise Salz

Man benötigt, jeweils getrocknet:

- 2 Teile Mädesüßblüten
- 1 Teil Weißdornblätter und -blüten
- 1 Teil Kamille
- 1/2 Teil Lavendel
- 1 Teil Kiefernharz

Räucherung

Für Reinigung und Neubeginn

Das wohlriechende Mädesüß verbreitet auch beim Räuchern einen würzigen Duft. Dabei wirkt es desinfizierend und reinigend. Es kann dabei Übergänge aller Art unterstützen und fördert besonders den Neuanfang. So lernen wir, Altes loszulassen und wieder gestärkt ins Leben zu gehen.

So wird's gemacht:
Blüten, Kräuter und das Harz im Mörser zerkleinern und anschließend in einer Schüssel gut vermischen. In ein Glas füllen und zum Räuchern etwa einen halben Teelöffel der Mischung verwenden.
Haltbarkeit: mindestens 1 Jahr, danach nimmt die Wirkung langsam ab

Mohn

Leuchtend rote Felder voller Mohnblumen sind im Sommer ein herrlicher Anblick. Die wunderschönen Blüten zaubern ein Lächeln aufs Gesicht und erinnern an sommerliche Tage voller Unbeschwertheit.

Es gibt viele verschiedene Arten von Mohn: Die hier vorgestellten Rezepte wurden mit Klatschmohn hergestellt.

Schlafmohn dagegen enthält in den unreifen Samenkapsel Milchsaft, aus dem Opium gewonnen werden kann. Früher war er ein wichtiges Schmerz- und Betäubungsmittel, welches bei Operationen verwendet wurde.

Den roten Klatschmohn findet man oft in Getreidefeldern oder auch auf Brachland, dort wo nicht zu viele andere Pflanzen wachsen.

Man benötigt:

- frische Mohnblüten (äußere Blütenblätter)
- Olivenöl
- Alkohol zum Desinfizieren

Mohnblütenöl

Macht Gelenke munter

Für das Mohnblütenöl verwendet man hauptsächlich die Blüten des roten Klatschmohns, man kann aber auch andere Mohnarten nehmen. Dabei werden nur die äußeren Blütenblätter verwendet, nicht der innere Teil. Mohnblüten in Olivenöl haben eine gute durchblutungsfördernde Wirkung und helfen bei Verspannungen, Verhärtungen und Gelenksschmerzen. Viele sagen, dass steife Gelenke dadurch wieder beweglicher werden und reiben sich gerne täglich damit ein.

Das Mohnblütenöl wird auch zur Narbenpflege oder als Bauchöl in der Schwangerschaft verwendet, um Dehnungsstreifen vorzubeugen. Ihm wird eine beruhigende Wirkung nachgesagt, daher kommt es auch bei Stress und Nervosität zum Einsatz.

So wird's gemacht:
Arbeitsplatz und alle Arbeitsgeräte mit Alkohol desinfizieren.
Mohnblüten leicht antrocknen lassen, damit sie etwas an Feuchtigkeit verlieren. Anschließend Blätter zerkleinern und bis etwa zur Hälfte in ein verschließbares Glas geben. Mit dem Olivenöl übergießen und für die ersten 3 bis 4 Tage mit einem Baumwolltuch abdecken. Danach verschließen.
Das Öl für mindestens 14 Tage, besser 3 bis 4 Wochen an einem hellen, aber nicht vollsonnigen Platz ziehen lassen.
Danach abseihen und in Flaschen füllen.
Haltbarkeit: etwa 6 bis 8 Monate

So wird's gemacht:
Mohnblüten, Chili, Knoblauch und Senfkörner in ein verschließbares Glas geben. Mit dem Essig übergießen und verschließen.
Für etwa 10 Tage an einem hellen, aber nicht vollsonnigen Platz ziehen lassen. Abseihen und in Flaschen füllen.
Haltbarkeit: etwa 1 Jahr

Feuriger Mohnblütenessig

Die Blüten des Klatschmohns geben ihre Farbe leicht an den Essig ab – so entsteht eine tiefrote Farbe. Mit etwas Chili wird daraus ein feuriger Essig, der sich sehr gut für pikante Salatdressings eignet.

Man benötigt:

- 1 Handvoll frische Mohnblüten
- 1 kleine Chilischote
- 1 Knoblauchzehe
- 1/2 TL Senfkörner
- 500 ml Essig

Man benötigt:

- 1 kleiner Topf, Tasse
- Steckschwamm
- Moos
- Mohnkapseln

Mohnkapseln

Als stilvolle Dekoration

Die prächtigen Mohnblüten verblühen leider sehr schnell. Übrig bleiben die schönen hellbraunen Kapseln, die die Samen ausbilden. Sie eignen sich sehr gut für die verschiedensten Dekorationen.

So wird's gemacht:
Den Steckschwamm zurechtschneiden und in den Topf drücken, Mohnkapseln hineinstecken.
Den Schwamm mit dem Moos abdecken.

Ringelblume

Die fröhlich anmutende und beliebte Gartenpflanze kommt ursprünglich aus Nordwestafrika und ist aus Kloster- wie auch Bauerngärten nicht mehr wegzudenken. Sie ist sehr pflegeleicht und sät sich von alleine aus. Als Wetterorakel kann man sie am Morgen beobachten: Öffnet sie ihre Blüten nicht bis 7 Uhr morgens, so wird es vermutlich ein Regentag werden!

Je häufiger man die Ringelblume erntet, desto mehr blüht sie. So wurde sie früher auch gerne in den Hochzeitsstrauß miteingebunden, auf dass die Liebe für das Brautpaar lange blühe.

Die orange- oder gelbfarbenen Blüten verschönern nicht nur jeden Tee, sondern sind auch eine wertvolle gesundheitliche Beigabe,

da sie die Entgiftungsprozesse im Körper unterstützen und den Lymphfluss anregen.
Am bekanntesten ist die Ringelblume als Wundheilerin. Sie wirkt entzündungshemmend, sorgt für einen raschen Wundverschluss und fördert die Heilung. Außerdem ist sie sehr gut verträglich. Auch sensible und trockene Haut kann mithilfe der Ringelblume behandelt werden. So ist sie oft Bestandteil von Babypflegeprodukten oder auch von Pflege der Altershaut.
Am besten erntet man den gesamten Blütenkopf kurz vor Mittag an einem sonnigen Tag und legt ihn anschließend einzeln zum Trocknen auf. Denn auch im Kelch und in den Röhrenblüten sind viele der wertvollen Inhaltsstoffe enthalten.
Achtung: Wer eine Allergie gegen Korbblütler hat, sollte bei der Verwendung von Ringelblumen aufpassen.

Man benötigt:

- 1 Handvoll frische oder getrocknete Ringelblumenköpfe
- 100 g Alkohol 40 Vol-%
- Alkohol zum Desinfizieren

Ringelblumentinktur

Heilkraft von innen und außen

Der alkoholische Auszug kann sowohl innerlich als auch äußerlich verwendet werden. Bei Entzündungen im Mund- und Rachenraum verdünnt man etwa 10 Tropfen der Tinktur mit einem Glas Wasser und gurgelt damit. Auch bei Verdauungs- und Menstruationsbeschwerden kann sie verdünnt eingenommen werden. Bei unreiner Haut wird sie punktuell aufgetragen und sorgt so für eine gute Abheilung. Als Zutat für Salben und Cremes ist sie sehr wertvoll.

So wird's gemacht:
Arbeitsplatz und alle Arbeitsgeräte mit Alkohol desinfizieren.
Die Blütenköpfe zerkleinern und in ein verschließbares Glas füllen.
Mit dem Alkohol übergießen und verschließen. Für etwa 14 Tage, gerne auch 3 bis 4 Wochen an einem hellen, aber nicht vollsonnigen Platz ziehen lassen. Anschließend abseihen und in Flaschen füllen.
Haltbarkeit: mindestens 1 Jahr

So wird's gemacht:
Arbeitsplatz und alle Arbeitsgeräte mit Alkohol desinfizieren. Für das **Öl** die Blütenköpfe für einige Stunden auf einem Tuch aufgebreitet trocknen lassen. So entweicht schon Flüssigkeit und kleinere Tierchen können sich aus dem Staub machen. Anschließend zerkleinern, in ein feuerfestes Glas geben und mit dem Mandelöl übergießen. Im Wasserbad etwa 45 Minuten bei mittlerer Temperatur (nicht über 70 °C) ziehen lassen. Abseihen, Ringelblumenöl auffangen und mit dem Vitamin E vermischen.

Für die **Salbe** werden das Ringelblumenöl, das Woll- und das Bienenwachs gewogen und in ein feuerfestes Glas gegeben. Im Wasserbad erhitzen und unter Rühren schmelzen lassen. Vom Herd nehmen und mit einem Löffel oder Spatel auf Handwärme rühren. Danach die Tinktur tropfenweise einarbeiten und das ätherische Öl hinzufügen. Nochmals gut verrühren.
Anschließend die Salbe in Tiegel abfüllen.
Haltbarkeit: etwa 1 Jahr

Ringelblumenöl und -salbe

Allheilmittel für den Alltag

Eine Ringelblumensalbe darf in keinem Haushalt fehlen: Bei aufgeschürften Knien oder blauen Flecken, Quetschungen, Ekzemen oder anderen Hautentzündungen – sie tut immer gute Dienste. Als Wundheilsalbe sorgt sie für eine gute Narbenabheilung, hilft bei Schwangerschaftsstreifen oder auch Nagelbettentzündungen. Ein Universalmittel für äußerliche Anwendungen.

Man benötigt für das Öl:

- 1 Handvoll frische (oder getrocknete) Ringelblumenköpfe
- 100 g Mandelöl
- 5 Tropfen Vitamin E
- Alkohol zum Desinfizieren

Man benötigt für die Salbe:

- 50 g Ringelblumenöl
- 5 g Wollwachs
- 7 g Bienenwachs
- 3 g Ringelblumentinktur
- 5 Tropfen ätherisches Öl Lavendel fein *(Lavandula angustifolia)*
- Alkohol zum Desinfizieren

Man benötigt:

- 20 g Ringelblumenöl (siehe S. 180f.)
- 5 g Olivem 1000 (Emulgator)
- 63,7 g destilliertes Wasser
- 5 g Glycerin
- 5 g Ringelblumentinktur (siehe S. 178f)
- 0,3 g Xanthan
- 1 g Biokons
- pH-Wert-Streifen
- Milchsäure zum Einstellen des pH-Wertes
- Alkohol zum Desinfizieren
- Tiegel zum Abfüllen

Ringelblumencreme

Schmeichelt der Haut

Eine zarte Creme für sensible und trockene Haut. Sie macht die Haut geschmeidig, weich und elastisch. Wer möchte, kann statt des destillierten Wassers auch ein pflegendes Hydrolat einarbeiten.

So wird's gemacht:
Arbeitsplatz und alle Arbeitsgeräte mit Alkohol desinfizieren.
Xanthan abwiegen, mit dem Glycerin und der Ringelblumentinktur vermischen und beiseitestellen.
Ringelblumenöl und Olivem 1000 in ein feuerfestes Glas geben und im Wasserbad erhitzen.
Destilliertes Wasser in ein weiteres Glas geben, kurz umrühren und im Wasserbad erhitzen.
Haben das Öl und das Wasser etwa eine Temperatur von 70 °C erreicht, die Hitze reduzieren.
Nun die Ölphase langsam, nur schlückchenweise zum Wasser geben und dabei mit einem kleinen Schneebesen oder Glasstab rühren. Beide Phasen sollen sich gut miteinander verbinden.
Nach etwa 3 bis 4 Minuten in eine Schüssel mit kaltem Wasser stellen und weiterrühren. Dann das Glycerin-Xanthan-Gemisch dazugeben und wieder verrühren. Zum Schluss das Biokons untermischen und danach den pH-Wert testen. Er sollte zwischen 5,4 und 5,5 liegen. Gegebenenfalls mit Milchsäure anpassen. In Tiegel abfüllen.
Haltbarkeit: etwa 6 bis 8 Wochen

So wird's gemacht:
Das Mark aus der Vanilleschote kratzen und gemeinsam mit den Ringelblumenblüten und dem Salz mixen.
Auf ein Blech streichen und für mehrere Tage trocknen lassen. Die festgewordene Masse nochmals mixen und in Gläser füllen.
Haltbarkeit: mehrere Jahre

Sonnensalz

Mit Hilfe von Blüten kann man Salz, aber auch Zucker wunderbar einfärben. Beides wird dadurch zu einem echten Hingucker in der Küche und auf dem Tisch. Dabei enthalten sie auch die guten Inhaltsstoffe, die wir so ganz nebenbei beim Essen mit aufnehmen dürfen. Für das Salz werden nur die Zungenblüten der Ringelblume verwendet, die Blütenkörbchen können für einen Tee getrocknet werden.

Man benötigt:

- 1 Handvoll Ringelblumen-Zungenblüten
- 100 g Salz
- 1 halbe Vanilleschote

Rose

Keine andere Blume steht bei uns so für die Liebe wie die Rose. Ihr feiner Duft und ihr besonderes Aussehen haben uns schon seit jeher fasziniert. So wurde im antiken Rom mit Unmengen an Rosenblüten aus Ägypten gefeiert. Auch Kleopatra ließ ihre Festsäle opulent damit schmücken. Aber nicht nur ihr herrlicher Duft, sondern auch ihre Wirkung auf die Gesundheit machen die Rose zu etwas Besonderem. So verwendet man sie schon seit über 5 000 Jahren als Heilmittel – aus der Naturheilkunde ist sie nicht mehr wegzudenken.

Es gibt unzählige Rosenarten, davon sind alle essbar und haben eine Heilwirkung, solange sie nicht mit chemischen Düngemitteln oder Pestiziden behandelt wurden. Rosen aus dem eigenen Garten können so vielseitig verwendet werden. Dabei mag die Pflanze gerne trockene Böden, Staunässe verträgt sie nicht so gut. Es darf ein sonniger Platz sein, wo der Wind um ihre Blätter streifen kann. In den Rosenblüten ist ätherisches Öl enthalten, aber auch Gerb- und Bitterstoffe. Gemeinsam wirken sie zusammenziehend, entzündungshemmend und fördern die Wundheilung. Der herrliche Duft wirkt auf unsere Seele und gilt als Herzöffner.

Tipp: Die Blüten sammelt man am besten an einem sonnigen Vormittag noch vor 10 Uhr, da später die wertvollen ätherischen Öle zu schnell verdunsten.

Man benötigt:

- 40 g frische, duftende Rosenblüten ohne weißen Ansatz
- 300 g Erdbeeren
- Saft und Abrieb einer halben Bio-Zitrone
- etwas Tonkabohnen-Abrieb
- 100 g Süßwein
- 200 g Gelierzucker 2:1

Rosenmarmelade mit Erdbeeren

Die Rosen aus dem eigenen Garten verwandeln sich in der Kräuterküche in duftende Kostbarkeiten. Wie zum Beispiel diese Rosen-Erdbeer-Marmelade, die sich sehr gut auch als Geschenk eignet. Bei der Ernte der Blüten schneidet man generell den weißen Blattansatz weg, da dieser leicht bitter schmeckt.

So wird's gemacht:
Die Erdbeeren vierteln und gemeinsam mit dem Süßwein in einen Topf geben. Zitrone auspressen und Zesten schneiden, beides zu den Beeren geben. Etwas Tonkabohne dazureiben, Gelierzucker hinzufügen und langsam zum Kochen bringen. Rosenblätter dazugeben und alles mit einem Stabmixer pürieren.
Nochmals aufkochen lassen, Gelierprobe machen und in sterilisierte Gläser füllen
Haltbarkeit: 8 bis 10 Monate

So wird's gemacht:
Den hellen Blattansatz der Rosenblüten entfernen und die Blüten in einen Topf geben.
Vanilleschote aufschneiden und das Mark sowie die Weinsäure ebenso hinzugeben. Wasser mit dem Zucker wallend aufkochen lassen. Anschließend 10 Minuten abkühlen lassen.
Die Flüssigkeit über die Rosenblüten gießen und alles zugedeckt an einem kühlen Ort für zwei Tage ziehen lassen. Anschließend abseihen und zur besseren Haltbarkeit zugedeckt nochmals aufkochen lassen. Sofort in sterilisierte Flaschen füllen und verschließen.
Haltbarkeit: kühl und dunkel etwa 1 Jahr

Duftender Rosensirup

An heißen Sommertagen etwas Rosensirup mit kaltem Wasser aufspritzen ist Genuss pur. Er schmeckt intensiv nach den Blumen und bekommt eine wunderschöne rosarote Farbe. Wenn im Sommer die Rosen in voller Blüte stehen, ist die Zubereitung des Sirups eine große Freude, da man so ihren Duft und Geschmack für die eigene Küche konservieren kann.

Man benötigt:

- 40 g frische, duftende Rosenblüten ohne weißen Ansatz
- 500 ml Wasser
- 1 Messerspitze Weinsäure (alternativ Zitronensäure)
- 1 Vanilleschote
- 500 g Zucker

Man benötigt:

- 1–2 Handvoll frische Rosenblüten
- 200 g Zucker
- 100 g Sonnenblumenöl
- 10 Tropfen ätherisches Öl Benzoe *(Styrax tonkinensis)*
- Alkohol zum Desinfizieren
- Tiegel zum Abfüllen

Kleopatras Rosenpeeling

Die Rose wird gerne in der Kosmetik eingesetzt, da sie wunderbar duftet und eine entzündungshemmende Wirkung hat. Sie sorgt für eine gute Regenerierung der Haut und spendet Feuchtigkeit. Das duftende Peeling trägt abgestorbene Hautschüppchen ab, durch das Einmassieren wird die Haut gut durchblutet.

So wird's gemacht:
Arbeitsplatz und alle Arbeitsgeräte mit Alkohol desinfizieren.
Rosenblüten mit dem Öl im Mixer gut zerkleinern. Zucker und ätherisches Öl untermischen und in Tiegel abfüllen.
Haltbarkeit: etwa 5 bis 6 Monate

So wird's gemacht:
Alle Zutaten in einem Mixer fein pürieren und abschmecken. Nach Wunsch noch mehr Honig hinzufügen.

Verwöhnende Rosenmilch

Ein Hauch von Orient

Ein außergewöhnlicher Drink ist die Rosenmilch, mit etwas Rosenwasser vermischt. So erhält man einen fantastischen und intensiven Geschmack. Die Rosenmilch schmeckt zusammen mit den Gewürzen auch im Winter sehr gut. Ein Hauch von Orient für zu Hause.

Man benötigt:

- 200 ml Milch (Kuh-, Hafer- oder Mandelmilch)
- 100 g Erdbeeren (frisch oder tiefgekühlt)
- 2 EL Honig
- 2 EL Rosenwasser
- Mark einer halben Vanilleschote
- 1 Prise Kardamom
- 1 Prise Tonkabohne
- 3–4 EL geriebene Mandeln

Man benötigt:

- 2 Handvoll frische Rosenblüten ohne weißen Ansatz
- Mark einer halben Vanilleschote
- 100 g Zucker

Rosenzucker

Geschenke aus dem eigenen Garten sind immer etwas sehr Persönliches. So auch der Rosenzucker: Er schmeckt herrlich in Kuchen und Desserts und erinnert an die schönen Sommertage im Grünen.

So wird's gemacht:
Blüten gemeinsam mit dem Zucker und dem Vanillemark mixen.
Auf ein Blech aufstreichen und für mehrere Tage durchtrocknen lassen.
Anschließend nochmals mixen und in Gläser füllen.
Haltbarkeit: mindestens 1 Jahr

So wird's gemacht:
Arbeitsfläche mit Zeitungspapier auslegen.
Der Topf zum Schmelzen des Wachses sollte nur so klein sein, um einen Rosenkopf vollständig eintauchen zu können. Ist der Topf zu breit, benötigt man sehr viel Wachs – daher eignen sich auch leere Konservendosen sehr gut.
Die Dose oder den Topf ins Wasserbad stellen und die Kerzenreste darin langsam schmelzen lassen. Das Wachs dabei nie aus den Augen lassen. Ist es geschmolzen, Dochtreste oder andere Verschmutzungen entfernen.
Das grüne Blattwerk von der Rose entfernen, verwelkte Blütenblätter abzupfen.
Ist das Wachs flüssig, aber nicht zu heiß, die Rose kopfüber hineinhalten. Beim Herausnehmen leicht abschütteln und zum Antrocknen in die leere Flasche stellen. Mit einem Holzstäbchen die zusammengeklebten Blütenblätter zurechtrücken.
Die Rose kann nochmal ins Wachsbad getaucht werden, anschließend trocknen lassen.

Wachsrosen

Frische Rosen halten leider nicht sehr lange. Eine sehr schöne Möglichkeit, sie länger zu konservieren ist sie mit Wachs zu behandeln. So hat man für mindestens ein Jahr eine wunderschöne Dekoration und kann sich lange an den Rosen erfreuen.

Man benötigt:

- Kerzenreste (in einer Farbe)
- 1 hoher kleiner Topf oder 1 leere Konservendose
- Topf für ein Wasserbad
- frische Rosen
- leere Flasche
- Zeitungspapier
- Holzstäbchen, um Blüten auszurichten

Rotklee, Wiesenklee

Auf vielen Wiesen findet man den Rotklee, der zu den Hülsenfrüchtlern oder Leguminosen zählt. Bis zu 50 cm hoch kann er sich der Sonne entgegenstrecken. Auch für Insekten wie beispielsweise die Hummeln ist er ein wertvoller Nahrungslieferant, da seine Blüten süßen Nektar liefern. Aber auch den Weidetieren liefert die gesamte Pflanze viel Eiweiß. Er gilt als Bodenverbesserer, da er Stickstoff aus der Luft in Pflanzennährstoffe umwandelt. Gar nicht so schlecht, was der Rotklee alles kann!

Als Heilpflanze hat er sich schon bei Hildegard von Bingen und anderen naturheilkundigen Menschen einen Namen gemacht. So wird er schon seit langer Zeit als Tee bei Atemwegserkrankungen verabreicht. Auch bei chronischen Hauterkrankungen wie der Schuppenflechte wird er verwendet.

(Trifolium pratense), Schmetterlingsgewächse *(Fabaceae)*

Besonders sticht der Rotklee aber durch seinen hohen Gehalt an Isoflavonen hervor. Sie gehören zu den Phytohormonen und zählen zu den sekundären Pflanzenstoffen. Sie haben eine ähnliche, aber schwächere Wirkung als Östrogene – das sind Sexualhormone, die vom Körper selbst produziert werden. Diese haben im Körper verschiedene Aufgaben und steuern unter anderem auch die Fruchtbarkeit bei Frauen. Bei ihnen stellt sich in den Wechseljahren der gesamte Hormonhaushalt um: Es werden weniger Östrogene produziert, und das bringt den Körper oft ziemlich durcheinander. Hier kann der Rotklee unterstützend helfen und ausgleichend wirken. Das Gute am Rotklee ist auch, dass unser Körper die darin enthaltenen Isoflavone sehr gut aufnehmen kann.

Man benötigt:

- 1/2 Handvoll Rotkleeblüten
- 1/2 Handvoll Schafgarbe
- 1/2 Handvoll Rosenblüten
- 1/2 Handvoll Frauenmantelkraut
- 1 TL Fenchelfrüchte
- 300 g Honig
- 100 g Apfelessig
- 1 Prise Salz

Frauen-Oxymel

Sorgt für Ausgleich

Das Frauen-Oxymel ist speziell für die Wechseljahre gedacht. Es hilft, gut in den Tag zu starten und hormonell möglichst ausgeglichen zu sein. Dafür können frische, aber auch getrocknete Kräuter verwendet werden. Am besten gleich morgens einen Esslöffel davon mit einem Glas lauwarmem Wasser mischen und noch vor dem Frühstück trinken.

So wird's gemacht:
Kräuter klein schneiden, Fenchel im Mörser zerstoßen und alles in ein verschließbares Glas geben.
Honig und Apfelessig mit einem Schneebesen verrühren und das Salz unterstreuen. Über die Kräuter geben und Glas wieder verschließen.
Für etwa 14 Tage an einem hellen, aber nicht vollsonnigen Platz ziehen lassen.
Danach abseihen und in Flaschen füllen.
Haltbarkeit: kühl und dunkel gelagert etwa 1 Jahr

So wird's gemacht:
Alle Zutaten in einer Schüssel miteinander mischen und leicht zerkleinern. In Beutel oder Dosen abfüllen.
Für eine Tasse einen Teelöffel mit etwa 200 ml heißem Wasser übergießen. Zugedeckt für etwa 8 bis 10 Minuten ziehen lassen. Danach abseihen.
Haltbarkeit: mindestens 1 Jahr, danach nimmt die Wirkung langsam ab

Rotkleetee

Der Mai ist eine sehr gute Zeit, um Rotkleeblüten zu sammeln, da sie dann den höchsten Gehalt an Isoflavonen besitzen. Um Wechseljahresbeschwerden entgegenzuwirken, kann der Rotklee auch mit anderen Pflanzen wie zum Beispiel Hopfen gemischt werden. Dabei kann man täglich 3 bis 4 Tassen des ausgleichenden Tees trinken. Brüht man ausschließlich Rotklee als Tee auf, kann er auch äußerlich bei Juckreiz für einen Umschlag verwendet werden.

Man benötigt, jeweils getrocknet:

- 2 Teile Rotklee
- 1 Teil Schafgarbe
- 1/2 Teil Hopfenblüten
- 1/2 Teil Frauenmantel

Man benötigt:

- Rotkleeblüten
- Alkohol 35 Vol-%

Rotkleetinktur

Für innen und außen

Die Tinktur aus Rotkleeblüten kann innerlich wie auch äußerlich angewendet werden. Bei Erkältungen kann man zweimal täglich 10 bis 15 Tropfen einnehmen. Für die äußerliche Anwendung eignet sich die Tinktur gut als Beigabe zu Salben, Cremes oder Gels, da Rotklee sehr heilend wirkt. Durch ihre antioxidative und hautregenerierende Eigenschaften werten die Isoflavone jede Creme auf.

So wird's gemacht:
Die Rotkleeblüten zerkleinern und locker bis zu etwa drei Viertel in ein Glas schichten. Mit dem Alkohol übergießen und das Glas verschließen.
Für mindestens 14 Tage oder auch 3 bis 4 Wochen an einem hellen, aber nicht vollsonnigen Platz ziehen lassen.
Anschließend abseihen und in Flaschen füllen.
Haltbarkeit: mindestens 1 Jahr

So wird's gemacht:
Arbeitsplatz und alle Arbeitsgeräte mit Alkohol desinfizieren. Die Blüten für einige Stunden auf einem Tuch aufgebreitet trocknen lassen.
Anschließend für das **Öl** zerkleinern, in ein feuerfestes Glas geben und mit dem Mandelöl übergießen. Im Wasserbad etwa 45 Minuten bei mittlerer Temperatur (nicht über 70 °C) ziehen lassen.
Anschließend abseihen, das Rotklee-Öl auffangen und mit dem Vitamin E vermischen.

Für die **Salbe** werden Rotklee-Öl und Bienenwachs gewogen und in ein feuerfestes Glas gegeben. Im Wasserbad erhitzen und unter Rühren schmelzen lassen.
Vom Herd nehmen und mit einem Löffel oder Spatel bis auf Handwärme rühren. Danach die Tinktur tropfenweise einarbeiten und das ätherische Öl sowie das Sanddornfruchtfleischöl hinzufügen. Nochmals gut verrühren. Anschließend die Salbe in Tiegel abfüllen.
Haltbarkeit: etwa 1 Jahr

Rotklee-Öl und -salbe

Die im Rotklee enthaltenen Stoffe fördern auch den Zellstoffwechsel, was sie für die Hautpflege sehr interessant macht. Das Rotklee-Öl kann für Cremes und Salben verwendet werden. Pur aufgetragen wirkt es, wenn die Haut juckt und spannt. Die Salbe wird gerne bei Schuppenflechte oder Ekzemen eingesetzt.

Man benötigt
für das Rotklee-Öl:

- 1 Handvoll Rotkleeblüten
- 100 g Mandelöl
- Alkohol zum Desinfizieren

für die Rotklee-Salbe:

- 43 g Rotklee-Öl
- 2 g Rotkleetinktur
- 5 g Bienenwachs
- 5 Tropfen ätherisches Öl Lavendel fein *(Lavandula angustifolia)*
- 5 Tropfen Vitamin E
- 5 Tropfen Sanddornfruchtfleischöl
- Alkohol zum Desinfizieren

Man benötigt:

- 3 Handvoll frische Rotkleeblüten
- Abrieb von 1 Bio-Orange und 1 Bio-Zitrone
- 1 Vanilleschote
- 200 ml Rum
- 500 ml Wodka
- 100 ml Kirschsaft
- 250 g Kandiszucker

Rotkleelikör

Erleichtert den Wechsel

Für Frauen in den Wechseljahren ist der Likör eine sehr schmackhafte Form, um die wertvollen Inhaltsstoffe aufzunehmen. Es können auch weitere Frauenkräuter wie Schafgarbe, Frauenmantel oder Hopfen hinzugefügt werden.

So wird's gemacht:
Kandiszucker in ein verschließbares Glas geben.
Früchte abreiben, Vanilleschote aufschneiden und Mark herauskratzen. Alles zum Kandiszucker geben.
Zerkleinerte Rotkleeblüten hinzufügen.
Rum, Wodka und Kirschsaft in das Glas gießen und verschließen.
Für 6 bis 8 Wochen an einem hellen, aber nicht vollsonnigen Platz ziehen lassen. Anschließend abseihen und in Flaschen füllen.
Haltbarkeit: mehrere Jahre

So wird's gemacht:
Blüten zerkleinern. Zitrone und Orange in Scheiben schneiden und gemeinsam mit den Blüten und der Weinsäure in einen Topf geben. Wasser aufkochen lassen und über die Blüten gießen. Nach dem Abkühlen mit einem Geschirrtuch abdecken und über Nacht stehen lassen.
Am nächsten Tag abseihen, Kirschsaft hinzugeben und aufkochen lassen. Den Zucker hinzufügen und etwa fünf Minuten köcheln lassen. Heiß in vorher sterilisierte Flaschen füllen.
Haltbarkeit: etwa 8 bis 10 Monate

Rotkleesirup

Aromatisch und frisch

Als alkoholfreie Variante schmeckt der Rotkleesirup besonders gut: Die süßen Blüten haben ein feines Aroma. Um die Farbe etwas zu intensivieren, gebe ich gerne etwas Kirschsaft hinzu, man kann ihn aber auch weglassen.

Man benötigt:

- 3 Handvoll frische Rotkleeblüten
- 1 Bio-Zitrone, 1 Bio-Orange
- 750 ml Wasser
- 50 ml Kirschsaft
- 500 g Zucker
- 1 Messerspitze Weinsäure (oder Zitronensäure)
- sterilisierte Flaschen

Sonnenblume

Ein Feld voller Sonnenblumen strahlt pure Freude aus: Wie kleine Sonnen leuchten die Pflanzen dem Himmel entgegen und bewegen sich mit dem Licht. Dabei können sie Höhen von bis zu drei Metern erreichen.

Vor etwa 400 Jahren kam die schöne Pflanze aus Amerika zu uns. Dort wurde sie von den Indianern als Lichtsymbol verehrt, aber auch schon heilkundlich verwendet.
Die Blütenblätter können beispielsweise als Erkältungstee bei einer Sommergrippe verwendet werden, da sie eine fiebersenkende und hustenlindernde Eigenschaft besitzen. Auch als Zutat für einen Blasentee können sie eingesetzt werden.

Heute werden hauptsächlich die Kerne der Sonnenblume verwendet: Als wertvolles Öl bereichern sie unsere Küche, schmecken aber auch als Backzutat oder als Knabberei zwischendurch.

Man benötigt:

- Sonnenblumenköpfe
- Messer
- Kerzen

Kerzenhalter „Sunshine“

Als Tischdekoration

Aus der wunderschönen Blüte kann man auch eine originelle Tischdekoration für die sommerliche Festtafel gestalten. So verwandeln sich die Blütenköpfe in Kerzenhalter. Die Blütenblätter können später für Tee getrocknet oder als Sonnenblumengelee weiterverarbeitet werden.

So wird's gemacht:
Den Stiel der Sonnenblumenköpfe so abschneiden, dass die Blüte möglichst flach am Tisch aufliegt. In der Mitte des Blütenkorbes mit einem Messer eine Vertiefung ausschneiden. Etwas Wachs in die Vertiefung eintropfen und die Kerze damit befestigen.

So wird's gemacht:
Orangenabrieb herstellen, den Saft auspressen und beides in einen Topf geben. Vanilleschote aufschneiden, das Mark auskratzen und hinzufügen, ebenso die zerkleinerten Sonnenblumenblätter.
Mit dem Wasser aufgießen und aufkochen lassen, anschließend die Hitze reduzieren und 30 Minuten ziehen lassen.
Danach abseihen und mit dem Gelierzucker nochmals aufkochen lassen. Gelierprobe machen und in vorher sterilisierte Gläser füllen.
Haltbarkeit: kühl und dunkel etwa 6 Monate

Goldiges Sonnenblumengelee

Die goldgelben Blütenblätter können nicht nur für Tees getrocknet werden, auch in Badesalzen sehen sie sehr schön aus. Genussvoll wird's mit dem Sonnenblumengelee, das die Sonne ins Glas holt.

Man benötigt:

- 2 Handvoll frische Sonnenblumenblätter
- 1/2 l Wasser
- Saft und Abrieb 1 Bio-Orange
- 1/2 Vanilleschote
- 250 g Gelierzucker 2:1

Veilchen, Duftveilchen

Viele Geschichten ranken sich um diese duftenden Frühlingsboten. So seien die ersten drei Veilchen, die man im Jahr findet, besonders heilkräftig. Das ganze Jahr über sollen sie die Gesundheit erhalten. Vom Wiener Hof wurde einst der Sage nach in den Donauauen sogar das erste Veilchen offiziell begrüßt, und das sittsamste Mädchen durfte es pflücken.

Das Veilchen gilt auch als ein Symbol der Bescheidenheit. Ins Poesiealbum wurde früher oft geschrieben: „Sei wie ein Veilchen im Moose, bescheiden, sittsam und still und nicht wie die stolze Rose, die immer bewundert sein will."
Die Heilwirkung dieser Pflanze wird schon seit der Antike geschätzt. Hippokrates empfahl die duftende Blume bei Kopfschmerzen, Melancholie und Sehstörungen.
In der Volksheilkunde wurden Veilchen auch als

Nervenberuhigungsmittel verwendet. Pfarrer Kneipp empfahl es bei Husten, Lungenleiden und Halsentzündungen.

Bei Frühjahrserkältungen bereitet man sich einen Tee aus den frischen Blüten zu. Er hilft gut bei Husten und Lungenleiden, da die darin enthaltenen Saponine schleimlösend wirken. Als Hausmittel bei Krampfadern wird es in der Volksmedizin geschätzt, und auch die blutreinigende Wirkung tut im Frühjahr besonders gut. Teeauflagen werden auch bei unreiner Haut und Akne verwendet. Der Ölauszug aus den Blüten gilt als besonders pflegend bei Narben.

Die ersten blühenden Veilchen und auch andere Frühlingsblüten sollte man zunächst den Bienen und anderen Insekten überlassen. Etwas später, wenn genügend Nahrungsangebot vorhanden ist, kann man die duftenden Blüten noch immer ernten.

Man benötigt:

- 2 Handvoll frische Veilchenblüten
- 150 g weiche Butter
- 1 Päckchen Vanillezucker
- 50 g Staubzucker
- etwas Zitronenabrieb
- 1 Prise Salz

Süße Veilchenbutter

Die duftenden Veilchen schmücken im Frühling viele Kräutergerichte oder Salate. Etwas Besonderes ist die süße Veilchenbutter mit ihrem feinen Geschmack. Auf frischer Brioche oder anderem Gebäck serviert, lädt sie zum Tee ein.

So wird's gemacht:
Alles Grüne von den Veilchen entfernen, sodass nur mehr die violetten Blüten übrigbleiben. Diese klein schneiden und mit den restlichen Zutaten vermischen. Im Kühlschrank fest werden lassen und zu Gebäck oder Brioche servieren.
Haltbarkeit: etwa 1 Woche im Kühlschrank

So wird's gemacht:
Alles Grüne von den Veilchen entfernen, sodass nur mehr die violetten Blüten übrigbleiben. Diese zerkleinern und in einen Topf geben. Die Zitrone in Scheiben schneiden und hinzufügen. Wasser aufkochen und darin den Zucker lösen. Überkühlen lassen und über die Blüten gießen. Zugedeckt für 2 bis 3 Tage an einem kühlen Ort ziehen lassen. Danach abseihen und in sterilisierte Flaschen füllen. Haltbarkeit: kühl und dunkel etwa 6 Monate. Für eine längere Haltbarkeit den Sirup nach dem Abseihen nochmals aufkochen.

Veilchensirup

Ein sommerlicher Aperitif

Der delikate Sirup ist mit Wasser aufgespritzt an warmen Tagen ein herrlicher Durstlöscher. Gemischt mit Sekt oder Prosecco ergibt er einen raffinierten Aperitif. Er hilft aber auch bei Bronchialleiden und Keuchhusten.

Man benötigt:

- 3 Handvoll Veilchenblüten
- 1 Bio-Zitrone
- 400 ml Wasser
- 400 g Zucker

Getrocknet und gepresst

Viele Blumen eignen sich wunderbar zum Trocknen und Pressen. Auf diese Weise bewahrt man ihr charakteristisches Aussehen und kann so einiges daraus gestalten. Auch wenn die Farben nicht mehr ganz so intensiv sind wie bei frischen Blüten, faszinieren sie trotzdem.

Sehr gut zum Trocknen eignen sich alle Arten von Strohblumen, aber auch Lavendel, Hortensien, Rosen und viele Korbblütler. Sehr füllige Blumen wie Tulpen oder Lilien hingegen sind nicht empfehlenswert.

Wichtig ist beim Trocknen, dass die Blumen so frisch wie möglich sind und man sie an einem dunklen, luftigen und warmen Ort trocknen lässt. Bevor man beginnt, entfernt man Blätter und welke Blüten. An einem Bindfaden befestigt, hängt man sie mit dem Kopf nach unten auf und lässt sie mehrere Wochen lang trocknen – bei größeren Blüten wie Hortensien einzeln oder gebunden zu kleinen

Sträußen. Danach werden die Blütenblätter etwas spröde und man muss vorsichtig mit ihnen umgehen. Wer möchte, kann sie mit etwas Haarspray fixieren.

Zum Pressen von Blüten verwendet man gerne eher flachere Blüten, da man sie einfach auflegen kann und so die schönsten Ergebnisse erzielt. Sehr gut eignen sich Stiefmütterchen, Vergissmeinnicht oder die Obstbaumblüten im Frühling.

Das Pressen an sich ist sehr einfach: Dazu legt man die frischen Blüten auf ein möglichst saugfähiges Papier. Man kann sie beispielsweise zwischen Pappe legen, oder man verwendet aussortierte Bücher dafür. Danach mit einem schweren Gegenstand oder weiteren Bücher für einige Wochen beschweren und liegen lassen.

Man erhält oft kleine konservierte Kunstwerke, die sich wunderbar künstlerisch verwenden lassen!

Man benötigt:

- Eier
- getrocknete Blüten
- Kleber
- Nadel und Stopfnadel
- bunte Bänder
- Spülmittel
- Essig
- Schüssel

Liebliche Ostereier

Für den Frühling

Zu Ostern sind schon oft die ersten Frühlingsblumen in den Wiesen zu entdecken. Die Natur erwacht und zeigt wie wunderschön bunt und lebendig sie ist. Da zu Ostern Eier bemalt oder dekoriert werden, kann man auch dabei gepresste Blüten schön in Szene setzen.

So wird's gemacht:
Die frischen Eier zunächst mit Wasser und Spülmittel gründlich waschen, mit etwas Essig den Stempel entfernen.
Anschließend werden die Eier ausgeblasen. Dafür an beiden Enden mit einer Nadel Löcher stechen und sie vorsichtig vergrößern, bis sie etwa 4 bis 5 mm Durchmesser haben. Wer einen sehr feinen Bohrer hat, kann auch diesen verwenden.
Das Ei über einer Schüssel platzieren und kräftig mit dem Mund in eines der Löcher pusten, so dass am anderen Ende Eiklar und Dotter abfließen können.
Danach das Ei unter fließendem Wasser sorgfältig reinigen und trocknen lassen.
Das Band mithilfe einer Stopfnadel durch die Löcher führen und am unteren Ende verknoten.
Blüten nach Wunsch auf dem Ei arrangieren und mit Kleber befestigen.

So wird's gemacht:
In den Holzblock etwa 8 bis 10 Löcher bohren, mit einem Durchmesser von jeweils einem halben Zentimeter, Tiefe etwa 4 Zentimeter.
Mit einem Schleifpapier Unebenheiten auf dem Holz entfernen.
Den Block nach Herzenslust mit den Blüten und Gräsern dekorieren.

Zartes Blütenarrangement

Neben gepressten sind auch getrocknete Blüten ein Fest für die Sinne. Besonders im Winter, wenn draußen eine weiße Schneedecke über der Erde liegt, bringen sie Farbe ins eigene Heim. Dazu eignen sich sehr gut Schleierkraut, Strohblumen, Rosen, Disteln, Kugelamarant, Lavendel, Schafgarbe und viele andere mehr.

Man benötigt:

- Holzblock, etwa 15 x 7 x 7 cm
- Holzbohrer
- Schleifpapier
- getrocknete Blüten und Gräser

Man benötigt:

- Metall- oder Holzkranz
- Bänder zum Umwickeln
- Strohblumen und Getreideähren
- Heißklebepistole

Kranz mit Strohblumen

Strohblumen erinnern mich immer an meine Oma. Sie hatte im Winter immer ein kleines Sträußchen der bunten Blumen auf ihrem Tisch stehen und holte sich so ein Stück Sommersonne im Haus. Die Blüten habe ich seither in mein Herz geschlossen, sie kommen bei mir als Dekoration für Kränze zum Einsatz.

So wird's gemacht:
Metallkränze umwickle ich immer noch mit einem Band, bei einem Holzkranz kann dieser Schritt ausgelassen werden. Die Enden der Bänder mit etwas Heißkleber fixieren.
Danach die Getreideähren mit der Heißklebepistole befestigen. Zum Schluss die Strohblumen arrangieren und ebenso festkleben.

So wird's gemacht:
Gewünschtes Motiv, wie beispielsweise einen Buchstaben, auf dem Fotokarton vorzeichnen.
Die gepressten Blüten arrangieren und mit Klebstoff befestigen.

Zauberhafte Blütenkarte

Sag es durch die Blume

Mit getrockneten Blüten kann man so viele schöne Sachen dekorieren – beispielsweise auch Karten gestalten. Dafür eignen sich alle Blüten, die man übers Jahr sammeln und trocknen kann. Aus ihnen entstehen einzigartige kleine Kunstwerke, die nette Worte und Glückwünsche transportieren.

Man benötigt:

- Fotokarton in gewünschter Größe
- gepresste Blüten und Blätter
- Klebstoff
- Bleistift

Man benötigt:

- Marmeladengläser
- gepresste Blüten und Blätter
- Klebstoff
- transparentes Papier
- Stift, Lineal, Schere

Teelichter mit Blütenzauber

Teelichter machen jedes Zuhause gemütlich und schaffen eine angenehme Atmosphäre. Mithilfe der getrockneten Blüten holt man sich Farbe und ein Stück Natur in die eigenen vier Wände. Dabei kann man alle möglichen Blüten verwenden, die man draußen findet.

So wird's gemacht:

Den Umfang des Marmeladenglases abmessen und etwa einen Zentimeter hinzurechnen, damit genügend Fläche zum Kleben bleibt.

Die gewünschte Höhe und Länge für die Umrandung nun auf das Transparentpapier übertragen und ausschneiden.

In der Mitte des Papiers die getrockneten Blüten arrangieren und mit dem Klebstoff fixieren.

Das Papier um das Marmeladenglas wickeln und auf der Rückseite verkleben.

So wird's gemacht:
Wer frische Blüten verwendet, sollte den Steckschaum zunächst reichlich wässern.
Aus den Blütendolden kleinere Zweige abschneiden und in den Schaumring stecken. Dies so lange wiederholen, bis der gesamte Kranz mit Hortensien bedeckt ist. Dabei darauf achten, dass nirgends Lücken entstehen, diese gegebenenfalls mit kleinen Zweigen auffüllen.

Tipp: Auch aus vielen anderen Blüten kann man mithilfe des Steckschwammes ganz einfach wunderschöne und bunte Blumenkränze selber machen.

Hortensienkranz

Prachtvoller Tischschmuck

An den üppigen Blüten der Hortensien kann man sich kaum satt sehen! Viele verschiedene Sorten gibt es, die von cremeweiß über rosa bis violett blühen. Die üppigen Dolden bestehen aus vielen einzelnen Blüten, die, näher betrachtet, sehr lieblich aussehen. So verwundert es nicht, dass Hortensien auch gerne für Dekorationen verwendet werden. Außerdem eignen sich viele Sorten sehr gut zum Trocknen.

Man benötigt:

- Steckschaum-Ring
- frische oder getrocknete Hortensienblüten
- Gartenschere

Anhang

Glossar

Antioxidantien: chemische Verbindungen, die eine Oxidation, also die Reaktion mit Sauerstoff, verlangsamen oder verhindern; so reduziert Vitamin E bei vielen pflanzlichen Ölen die Oxidation beziehungsweise das Ranzigwerden.

Ätherische Öle: Inhaltsstoffe von vielen Pflanzen, die sie vor Krankheiten oder Hitze schützen oder als Lockstoff für Insekten dienen. Sie werden meist durch Wasserdampfdestillation gewonnen und vielfältig verwendet.

Biokons: ein Breitbandkonservierer. Er ist sehr gut hautverträglich und in der Naturkosmetik zugelassen.

Breitbandkonservierer: Sobald ein Kosmetikprodukt Wasser enthält, muss es konserviert werden. Ein Breitbandkonservierer wirkt gegen die Vermehrung von Bakterien, Hefen und Schimmel in der Emulsion.

Blumensprache: eine Art der nonverbalen Kommunikation zwischen Menschen. Blumen und Blumensträuße dienen als Symbol, um Gefühle, Wünsche, aber auch Beschwerden zum Ausdruck zu bringen.

Emulgator: Wasser und Öl können sich ohne Hilfsstoff nicht für längere Zeit miteinander verbinden. Um dies zu ermöglichen, gibt es Emulgatoren, um beispielsweise in der Kosmetik eine stabile Emulsion zu ermöglichen. Durch einen fettliebenden und einen wasserliebenden Teil verbinden sich die Moleküle und ergeben eine Emulsion. Co-Emulgatoren unterstützen neben dem Hauptemulgator die Bildung einer stabilen Verbindung.

Emulsion: ein Gemisch von zwei Stoffen, die normalerweise nicht verbunden werden können. In der Kosmetik sind das Cremes, in der Küche beispielsweise die Mayonnaise.

Farnesol: ein natürlicher Duftstoff in Lindenblüten und Bestandteil vieler ätherischer Öle.

Freie Radikale: So bezeichnet man instabile Atome oder Moleküle. Sie besitzen ein ungepaartes Elektron oder auch mehrere, was sie einerseits instabil, aber auch sehr reaktionsfreudig macht.

Gelierprobe: gewährleistet, dass die Marmelade oder das Gelee die richtige Konsistenz haben. Dafür wird nach dem Aufkochen ein Teelöffel des Produktes auf einen kalten Teller gegeben. Hat es nach ein bis zwei Minuten die richtige Konsistenz, kann es in Gläser abgefüllt werden.

Glycerin: chemisch gesehen ein dreiwertiger Alkohol. Er entsteht als Nebenprodukt bei der Spaltung von pflanzlichen Fetten in Glycerin und Fettsäuren, was beispielsweise auch bei der Verseifung passiert. Glycerin kommt aber auch ganz natürlich in der Haut vor und ist ein besonders hautverträglicher Stoff, sofern er nicht überdosiert wird.

Hydrolat: wird auch Pflanzen- oder Blütenwasser genannt. Hydrolate entstehen als Nebenprodukt bei der Herstellung von ätherischen Ölen durch Wasserdampfdestillation. Durch den Wasserdampf werden Pflanzeninhaltsstoffe extrahiert. Bei der Abkühlung im Destillationsprozess verwandelt sich der Dampf wieder in Wasser. Diese Pflanzenwässer enthalten alle wasserlöslichen Pflanzeninhaltsstoffe und sind ähnlich der Wirkung von ätherischen Ölen, allerdings milder.

Lysolecithin: Pflegender Emulgator, der hauptsächlich zur Herstellung von Badeölen verwendet wird.

Mazerat, Mazeration: von lat. *macerare*, was so viel wie einweichen bedeutet. In der Pflanzenheilkunde wird der Begriff verwendet, wenn Pflanzeninhaltsstoffe durch einen Kaltwasserauszug extrahiert werden. Wenn die Schleimstoffe der Eibischwurzel kalt angesetzt werden, spricht man beispielsweise von Mazeration. Von einem Ölmazerat oder Ölauszug spricht man oft auch, wenn Pflanzenteile in Öl eingeweicht werden, um so die öllöslichen Stoffe zu extrahieren.

Olivem 1000: ein Emulgator auf Olivenölbasis, der biologisch abbaubar ist.

Signaturenlehre: Diese besagt, dass Pflanzen bestimmte Kennzeichen in sich tragen, die zeigen, welche Beschwerden sie heilen können. Dabei werden unter anderem Form, Farbe, Geruch, Geschmack sowie der Standort in Betracht gezogen.

Styrax: ein Naturharz des Storaxbaumes, das gerne zum Räuchern verwendet wird.

Vitamin E: eine bräunliche, zähflüssige Substanz, die als Antioxidans fungiert. Es kann verhindern, dass mehrfach ungesättigte Fettsäuren durch freie Radikale zerstört werden. In Hautpflegeprodukten wirkt es entzündungshemmend, lindert Juckreiz und kann die Bildung von Altersflecken vermindern. Durch die antioxidative Wirkung wird es gerne zu Ölen gemischt, da es so die Haltbarkeit verlängert. Aber Vitamin E ist kein Konservierungsstoff!

Tinktur: in den meisten Fällen ein alkoholischer Auszug aus Pflanzenstoffen.

Xanthan: Gel-Bildner in der Kosmetik.

Index

J

K

S

T

V

W

X

Z

Literatur

Bayton, Ross, Maughan, Simon (2018): Pflanzenfamilien – Was jeder Gärtner wissen sollte. Bern: Haupt Verlag.

Bühring, Ursel (2014, 4. Auflage): Praxis-Lehrbuch Heilpflanzenkunde: Grundlagen – Anwendungen – Therapie. Stuttgart: Karl F. Haug Verlag in MVS Medizinverlage.

Bühring, Ursel (2015): Alles über Heilpflanzen: erkennen, anwenden und gesund bleiben. Stuttgart: Eugen Ulmer KG.

Bühring, Ursel, Ell-Beiser, Helga, Girsch, Michaela (2013, 2. Auflage): Heilpflanzen in der Kinderheilkunde: Das Praxis-Lehrbuch. Stuttgart: Karl F. Haug Verlag in MVS Medizinverlage.

Bühring, Ursel, Ell-Beiser, Helga, Girsch, Michaela (2015). Heilpflanzen für Kinder: Gesundheit aus der Natur. Stuttgart: Eugen Ulmer KG.

Fischer-Rizzi, Susanne, (2016, 6. Auflage). Das Buch vom Räuchern. Aarau: AT Verlag.

Fischer-Rizzi, Susanne, (2016, 2. Auflage): Das große Buch der Pflanzenwässer: Pflegen, heilen, gesund bleiben mit Hydrolaten. Aarau und München: AT Verlag.

Friedberger, Heidi, Kober Siegfried, Pausch, Pater Johannes, Reisinger Verena (2019, 2.Auflage): Spirituelle Pflanzenheilkunde. Wesen der Pflanze, Traditionelle Erfahrungen und Wissenschaftliche Erkenntnisse. Salzburg: AfN – Akademie für Naturheilkunde GmbH

Fuchs, Christine (2013). Räuchern mit heimischen Pflanzen: sammeln, mischen, anwenden. Stuttgart: Franckh-Kosmos Verlags-GmbH & Co KG.

Hirsch, Siegried, Grünberger, Felix, (2014, 19. Auflage): Die Kräuter in meinem Garten. Linz: Freya Verlag

Käser, Heike (2016, 5. Auflage): Naturkosmetik selber machen: Das Handbuch. Linz: Freya Verlag.

Käser, Heike (2015, 4. Auflage): Naturkosmetische Rohstoffe: Wirkung, Verarbeitung, kosmetischer Einsatz. Linz: Freya Verlag.

Werner, Monika, Braunschweig, Ruth von (2014, 4. Auflage): Praxis Aromatherapie: Grundlagen – Steckbriefe – Indikationen. Stuttgart: Karl F. Haug Verlag in MVS Medizinverlage.

Willfort, Richard (2010: 27. Auflage): Gesundheit durch Heilkräuter. Linz: Rudolf Trauner Verlag.

Bildnachweis

12photography 33; Adisa 189, Africa Studio 177; Anastasiia Malinich 7, 9, 203, 172; andycan 84; Annaev 5; antoniomas 226, 227; Antonov Roman 4, 6, 9f, 13f, 17f, 20ff, 25f, 29f, 32, 35f, 38, 41f, 46, 49f, 52, 55f, 59, 61f, 66, 69, 71, 74, 77f, 81, 84, 91f, 94, 97f, 103, 105f, 109, 111, 113f, 117f, 120, 123f, 127f, 132, 135f, 139, 141, 144, 148, 151f, 156, 160, 163f, 167f, 171f, 175f, 180, 183f, 187f, 189f, 193f, 197f, 200, 204, 207f, 211f, 214, 217f, 220, 223f, 230, 233f, 237f; Anton U 105, 151; Aprilphoto 220f; Ben Schonewille 95, Best_photo_studio 41; Chepko Danil Vitalevich 240 Daniel Prudek 18, 19, 242f; Diana Taliun 139; FotoHelin 161, 167; HHelene 35; Ian 2010 214; Irina Fischer 43; irin-k 168; Ivaschenko Roman 91; Jane McIlroy 110; Kamila Hyhlikova 71; Kuttelvaserova Stuchelova 140; , 148; mahirart 8; Mara Fribus 197; MaraZe 123; Mariyana M 70; matka_Wariatka 6; Melinda Fawver 61; milart 6, 74; motorolka 128; Nadezhda Nesterova 160; Nataliia Melnychuk 10, 217; Nella 5; New Africa 81; NIKCOA 143; Nikox2 7, 113; oksana2010 186, 193, 200; Oleksandr Lytvynenko 23; Olexandr Panchenko 26; Olga_Shestakova 141; olosina 223; osoznanie.jizni 8, 135, 156; Petr Baumann 149; Petr Salinger 42, 120; Piyato 111; P Maxwell Photography 77; pukach 22; Vitalina Rybakova 215; Rhoenbergfoto 10; Robert Biedermann 32; Scisetti Alfio 6, 7, 8, 30, 53, 62, 66, 127; Snowbelle 46, 163; Sofiaworld 69, Soho A Studio 8, 129; spline_x 63, 85; ssvrid79 234; sun ok 11Tamara Kulikova 52; TatianaMishina 9; Tropper2000 233; ubbotina Anna 94; ULKASTUDIO 176; Valentyn Volkov 7, 97; vandycan 194; varuna 12, 14, 16; Vilor 102; VIRTEXIE 121; Von Yasonya 82; xpixel 4, Ziablik 9f, 187, 201

Maria Binder: 254
Alle anderen Fotos stammen von Doris Kern.

Informationen & Bezugsquellen

Haftungsausschluss

Alle Rezepte und Anleitungen sowie Pflanzenbeschreibungen wurden nach bestem Wissen und mit größtmöglicher Sorgfalt erstellt. Trotzdem kann keine Garantie für die Richtigkeit der Angaben übernommen werden. Eine juristische Haftung ist ausgeschlossen. Des Weiteren wird keine Haftung für fehlerhafte Zubereitung und Anwendung, auch nicht für Gesundheitsschäden durch allergische Reaktionen übernommen.
Die Rezepte und Anwendungen in diesem Buch bieten keinen Ersatz für eine medizinische Behandlung. Bei Beschwerden oder Problemen wenden Sie sich im Bedarfsfall bitte umgehend an Ihre Ärztin oder Ihren Arzt.

Weiterführende Infos

Auf meinem Blog **www.mitliebegemacht.at** findest Du viele weitere Informationen und Rezepten zu Kräutern, Hausmitteln und Naturkosmetik.

Die Download-Vorlage für die Augenmaske ist über diesen Link zu finden: www.mitliebegemacht.at/verlockende-blueten

Auf der Seite **www.olionatura.de** der Naturkosmetik-Expertin Heike Käser finden Sie detaillierte Informationen zum Thema Naturkosmetik und die richtige Verarbeitung von Rohstoffen.

Onlineshops für die Inhaltsstoffe

Österreich

Aromapflege: www.aromapflege.com
Feeling: www.feeling.at
Kräuter und Geist:www.kraeuterundgeist.at
Naturkosmetik-Werkstatt:
www.naturkosmetik-werkstatt.at

Deutschland

Alexmo Cosmetics: www.alexmo-cosmetics.de
Dragonspice: www.dragonspice.de
Jophiel Aromaöle: jophiel-aromaoele.de
Spinnrad: spinnrad.de

Schweiz

Feeling: www.feeling-schweiz.ch
Spinnrad: spinnrad.ch

Verpackungen

Etivera: www.etivera.com
Rosa Heinz: www.rosa-heinz.de

Feinwaage

Zum Abwiegen von Inhaltsstoffen ist eine genaue Waage sehr wichtig – sie sollte bis zum Hundertstel Gramm genau sein. Erhältlich im Fachhandel.

Dank

Ein Buch zu schreiben, ist wie auf eine Reise zu gehen. Man entdeckt dabei Pflanzen auf ganz neue Art und Weise. Man liest Geschichten vergangener Zeiten, staunt über das Wissen der Heilkundigen von damals und lernt mit jeder neuen Idee die Kraft der Natur noch mehr zu schätzen. Viel Zeit und Liebe stecken in den Seiten. Das wäre alles nicht möglich ohne die Unterstützung von vielen lieben Menschen.

Lieber Erich, wie schon bei den anderen Büchern, stehst Du immer hinter mir. Gibst mir Kraft und Zuversicht und hältst mir den Rücken frei. Ich danke Dir für Deine stetige Hilfe und liebevolle Unterstützung!

Die Blütenpracht in Mamas Garten hat mich schon immer fasziniert. Viele der Blüten für dieses Buch durfte ich daraus ernten. Danke Mama und Papa für eure Liebe zur Natur, die ihr an mich weitergegeben habt.

Ohne das Vertrauen und die professionelle Aufbereitung meiner Ideen würde ich wohl nicht mein drittes Buch schreiben. Ein herzlicher Dank an das gesamte Team des Verlags Anton Pustet. Ganz besonders an Herrn MMag. Gerald Klonner für die Zusammenarbeit und Verwirklichung meiner Ideen.

Liebe Mag. Beatrix Binder, ich danke Dir, dass Du meinen Texten immer den richtigen Feinschliff gibst. Es ist eine große Freude mit Dir zusammenzuarbeiten!
Das wunderschöne Layout und das Zusammenspiel von Text und Bildern ist eine Kunst für sich. Vielen lieben Dank an DI^{FH} Tanja Kühnel für Deine Ideen und Deine Arbeit.
Es ist nicht selbstverständlich, dass ein Buch auch die nötige Aufmerksamkeit bekommt. Daher auch ein großes Dankeschön an Mag. Katharina Kocheim, die mit ihren vielen Marketing-Aktivitäten meine Bücher perfekt platziert.
Ein herzliches Dankeschön möchte ich auch den lieben Mitarbeiterinnen des Büros Dr. Barbara Brunner sagen, die eine hervorragende Pressearbeit leisten.

Aber ohne die großartige Unterstützung der lieben LeserInnen meines Blogs wäre ich nicht so weit gekommen. Die vielen Nachrichten zu meinen Beiträgen, aber auch zu meinen anderen Büchern freuen mich immer aufs Neue. Es ist so schön, eine so treue und liebevolle Community zu haben, dafür danke ich Euch von Herzen!

Vielen Dank an alle, die in der Zeit des Schreibens für mich da waren und mich unterstützt haben!

Doris Kern

Doris Kern

Geboren 1983 in Linz, studierte an der FH Hagenberg Informatik und arbeitet heute als Projektmanagerin in der IT-Branche. Den Ausgleich zur Technik findet sie in der Natur: Kräuter, alte Hausmittel und Naturkosmetik stehen im Fokus ihrer Leidenschaft.
In zahlreichen Ausbildungen, darunter TEH® Praktiker, TEH® Naturapotheke, Frauenheilkunde oder im Lehrgang zum Kosmetikhersteller vertiefte sie ihr Wissen und gibt es in Kursen weiter. In ihrem Blog „Mit Liebe gemacht" veröffentlicht sie Rezepte und Anleitungen rund um das Thema Natur.

www.mitliebegemacht.at